영문법 나만 따라와

초판 1쇄 | 2006년 7월 17일
초판 3쇄 | 2008년 1월 21일

지은이 | 정회성
발행인 | 김태웅
편집 | 고나리
디자인 | 안성민
일러스트 | 김학수
영업 | 이길구, 육장석, 박종원, 이용주, 한승엽
제작 | 이시우

발행처 | 동양문고 · 상상공방
등록 | 제10-806호(1993년 4월 3일)
주소 | 서울시 마포구 서교동 463-16호 (121-841)
전화 | (02)337-1737
팩스 | (02)334-6624
웹사이트 | http://www.dongyangbooks.com

ⓒ2006 정회성
ISBN 89-8300-489-4 (03740)

▶본 책은 저작권법에 의해 보호를 받는 저작물이므로 무단 전재와 복제를 금합니다.

영문법
나만 따라와

정회성 | 지음

동양문고 | 상상공방

머리말

영어문법, 영어의 기본이에요

영어를 잘한다는 것은 무슨 뜻일까요? 이는 영어를 알아듣고, 영어로 말을 하고, 영어로 된 글을 읽고, 영어로 글을 쓰는 네 가지 능력을 갖추고 있다는 뜻입니다. 그런데 네 가지 능력 중에서 한 가지라도 갖추지 못한다면 어떻게 될까요? 이것은 마치 네 바퀴가 있어야만 굴러가는 자동차에 바퀴 하나가 없는 것과 같습니다. 바퀴가 한 개라도 없으면 자동차가 제대로 굴러갈 수 없듯이 네 가지 능력 중 어느 한 가지라도 갖추지 못하면 결코 영어를 잘한다고 볼 수 없습니다. 그렇다면 어떻게 해야 이 네 가지 능력을 골고루 갖출 수 있을까요? 무엇보다도 영어문법을 알아야 합니다. 영어의 기본인 영어문법을 모르면 듣고, 말하고, 읽고, 쓰는 능력을 제대로 갖출 수 없기 때문입니다.

영어문법을 알면 영어가 쉬워져요

요즘 들어 영어회화만 잘하면 된다는 생각으로 영어문법을 공부하지 않는 사람들이 많습니다. 심지어 어떤 사람은 그 동안 학교에서 영어문법만 가르쳤기 때문에 대학을 졸업해도 영어회화 한마디 제대로 못 한다며 더 이상 영어문법을 공부할 필요가 없다고 주장하기도 합니다. 물론 과거의 영어교육이 문법 위주였던 것은 사실입니다. 하지만 그 때문에 영어회화를 못 하게 되었다는 식의 주장은 터무니없는 억지입니다. 왜냐하면 영어회화도 문법을 알아야 가능하기 때문입니다. 영어는 말하는 것 못지 않게 읽고 쓰는 것도 중요합니다. 특히 쓰기는 문법을 모르면 거의 불가능합니다. 자신의 생각을 정확하게 영어문장으로 나타내려면 반드시 영어문법을 알아야 합니다. 그렇다면 영어문법은 어떻게 공부해야 할까요?

매일 조금씩 꾸준히!

무엇이든 마찬가지이지만 영어문법을 한꺼번에 많이 공부하려고 드는 것은 욕심에 불과합니다. 한꺼번에 많이 하려고 하면 오히려 역효과만 납니다. 자기에게 맞는 목표량을 정해 놓고 매일 꾸준히 공부하는 습관을 들이는 것이 중요합니다. 1시간이나 2시간이 아니어도 좋습니다. 매일 밥을 먹듯 날마다 10분씩이라도 공부를 하다 보면 자기도 모르는 사이에 영어문법을 많이 알게 됩니다.

기왕이면 즐겁고 재미있게!

대부분의 사람들이 딱딱하면서도 어렵다고 여기는 영어문법을 어떻게 하면 쉽고도 즐겁고 재미있게 공부할 수 있을까요? 그런 생각 끝에 이 책을 쓰게 되었습니다. 이 책의 장점은 영어문법을 이해하기 쉽도록 자세하면서도 재미있게 설명하고 있다는 것입니다. 따라서 누구나 즐거운 마음으로 웃으면서 책을 읽는 가운데 자연스럽게 영어문법을 마스터할 수 있습니다. 또 친숙한 이미지의 캐릭터가 등장하기 때문에 책을 읽다 보면 영어에 대한 두려움 대신 친밀감과 자신감이 생기게 될 것입니다. 그런 의미에서 이 책은 영어에 자신이 없거나 흥미를 잃은 학생에게도 큰 도움을 줄 것이라고 확신합니다. 아무쪼록 이 책이 독자 여러분의 영어실력 향상에 실질적이면서도 효과적인 도움이 되기를 바랍니다.

지은이 정 회 성

이 책은 이렇게 꾸몄어요

1. 영어문법 용어를 알기 쉽게 설명했습니다.

영어문법을 딱딱하고 어려운 것으로 여기는 이유 중 하나는 바로 용어에 있습니다. 영어문법 용어는 거의 한자로 이루어져 있어서 그 개념을 쉽게 이해할 수 없습니다. 이 책은 영어문법 용어를 누구나 이해하기 쉽도록 재미있고 상세하게 설명했습니다.

2. 문장의 구조와 형식을 세세하게 분석했습니다.

영어는 문장구조부터가 우리말과 크게 다릅니다. 따라서 문장을 세세하게 분석할 필요가 있습니다. 이 책은 영어문장이 어떤 형식으로, 어떻게 구성되어 있는지 한눈에 알 수 있도록 했습니다. 그리고 회화공부에도 도움이 되도록 가급적 실생활에서 쓸 수 있는 문장을 골라 실었습니다.

3. 영어에 흥미를 느끼도록 재미있는 만화와 퀴즈를 실었습니다.

만화는 독자의 시선을 잡아끄는 힘을 갖고 있는 아주 훌륭한 학습도구입니다. 이 책에는 재미있는 만화가 군데군데 실려 있습니다. 그러나 이것은 단순히 재미만을 위한 게 아니라 영어문장을 자연스레 익히게 합니다. 이 책에는 또 퀴즈도 실려 있는데, 독자들은 이 퀴즈를 통해 영어 관련 상식을 쌓는 한편, 영어에 흥미를 느끼게 될 것입니다.

4. 공부한 내용을 체크하도록 단원마다 연습문제를 달았습니다.

앞에서 배운 내용을 얼마나 이해했는지 알지 못한 채 무조건 다음 단원으로 넘어가다 보면 자칫 수박 겉핥기식 공부가 될 수 있습니다. 귀찮더라도 공부한 내용을 스스로 체크해 보고 틀린 부분이 있다면 다시 앞으로 돌아가 확실하게 알아두는 것이 좋습니다. 이 책에는 독자 스스로 공부한 내용을 체크하도록 단원이 끝나는 자리마다 연습문제가 실려 있습니다. 또한 단원마다 핵심이 되는 부분을 정리하거나 질문에 답하는 형식 등의 다양한 코너를 마련함으로써 학습 효과를 최대한 높였습니다.

5. 기본편 · 심화편으로 되어 있습니다.

이 책은 총2부로 되어 있습니다. 제1부인 기본편에서는 영어와 우리말의 차이를 비롯하여 영어문장의 구조와 영어문법에서도 가장 기본이 되는 품사를 다룹니다. 그리고 제2부인 심화편에서는 문장의 5형식, 시제, 수동태, 관계사, 가정법 같은 보다 심층적인 내용을 다루고 있습니다.

contents

차례

제1부 기본편

1장 차이를 알면 영어가 보인다!

영어는 우리말과 어떻게 다를까? • 14

말의 순서가 다르다 | 단수와 복수의 구분이 분명하다 | 시제가 엄격하다 | 3가지 격이 있다 | 하나의 동사에 여러 가지 뜻이 있다

2장 영어의 정체를 밝혀라!

영어문장은 어떻게 이루어져 있을까? • 26

알파벳이 모여 단어가 되고, 단어가 모여 문장이 된다 | 문장은 주부와 술부로 이루어져 있다 | 문장은 4가지 기본 요소로 되어 있다 | 문장의 종류는 크게 5가지이다

3장 각각의 품사와 그 쓰임에 대해 알아보자!

명사 – 이 세상 모든 것들의 이름 • 44

명사의 종류 | 명사의 단수와 복수

관사 – 명사가 쓰는 모자 • 52

부정관사 / **a, an** | 정관사 / **the**

대명사 – 명사를 대신하는 말 • 57

인칭대명사 | 지시대명사 | 부정대명사

contents

동사 – 움직임을 나타내는 말 • 68
be동사 | 일반동사

형용사 – 명사를 꾸며 주는 말 • 80
형용사의 종류 | 형용사의 쓰임

부사 – 문장을 생생하게 돋보이도록 꾸며 주는 말 • 86
부사의 쓰임 | 부사의 형태 | 주의해야 할 부사들

전치사 – 명사 앞에 놓이는 말 • 91
시간전치사 | 장소전치사 | 나머지 이런저런 전치사

접속사 – 서로 맞대어 이어 주는 말 • 99
and, but, or의 쓰임 | so, for, because의 쓰임

제2부 심화편

1장 세상의 모든 문장은 5형식 안에 있다!

문장의 5형식이란? • 108
1형식 문장 | 2형식 문장 | 3형식 문장 | 4형식 문장 | 5형식 문장

2장 동사의 세계를 정복하라!

동사의 활용 – 원형, 과거형, 과거분사형 • 118
규칙동사 | 불규칙동사

동사의 시제 – 때에 따라 변하는 동사의 모양 • 125
현재시제 | 과거시제 | 미래시제 | 진행시제 | 완료시제

조동사 – 동사를 도와주는 동사 • 140
do | can, could | will, would | shall, should | may | must

수동태 – 주어가 동작을 받는 서술 형식 • 151
수동태 만들기 | 수동태의 형식 | 주의해야 할 수동태

부정사 – 이것저것 다 하는 팔방미인 • 158
부정사 만들기 | to부정사의 쓰임 | 원형부정사의 쓰임

동명사 – 동사에서 명사로 변신 • 166
동명사 만들기 | 동명사의 쓰임 | 동사에 따른 동명사와 부정사의 쓰임

분사 – 동사와 형용사가 하나로 • 172
분사 만들기 | 현재분사의 쓰임 | 과거분사의 쓰임

영문법의 뼈와 살이 되는 것들

의문사 – 이것저것 물어보는 말 • 182
의문대명사 | 의문형용사 | 의문부사

비교 – 비교할 때 쓰는 표현 • 189
원급 | 비교급 | 최상급 | 비교급과 최상급의 규칙변화와 불규칙변화

관계사 – 두 문장의 연결 고리 • 196
관계대명사 | 관계부사

가정법 – 가정하거나 상상할 때의 표현법 • 206
가정법 현재 | 가정법 미래 | 가정법 과거 | 가정법 과거완료 | 특별한 가정법

맺는말 • 214

등장 인물 소개

character

투티(Tuti)

우주를 여행하다가 우주선의 연료가 떨어지는 바람에 지구에 불시착한 외계인. 이 책의 해설자로 영어를 비롯하여 전 세계의 모든 언어에 능통함. 물론 외계어도 잘함.

"뿌따삐꼬 까라투티 뽀까삐뻬 삐뽀로뽀빠루! (여러분 안녕! 난 투티야. 만나서 반가워. Hi, everyone! I'm Tuti. Nice to meet you.)"

바우(Bau)

불테리어인데, 순종이 아닌 잡종임이 밝혀져서 주인에게서 버림받은 강아지. 어리버리한 데다 사오정 같은 말만 골라서 함.

루루(Lulu)

벼락맞은 도둑고양이. 원래는 멍청했는데 벼락을 맞고 나서 똑똑해지고 영어도 잘하게 됨. 하지만 다소 엽기적인 데다 가끔씩 엉뚱한 말을 함.

I부
기본편

PART 1

제1부 기본편

차이를 알면 영어가 보인다!

PART 1 차이를 알면 영어가 보인다

영어는 우리말과 어떻게 다를까?

여러분 중에 영어가 쉽다는 사람은 별로 없을 거야. 많다고? 거짓말 마. 영어가 쉽다면 우리 나라는 영어 잘하는 사람 천지일 거야. 초등학교 아니, 유치원에서부터 영어를 배우니까. 장담하건대 영어가 쉽다는 사람은 거의 없어. 아마 천 명에 한 명 있을까 말까 할 걸.

물론 영어를 잘하는 사람은 꽤 있지. 하지만 그들 중에 영어가 쉽다는 사람은 별로 없을 거야. 여러분의 친구인 나 투티도 영어를 좀 하는 편이지만 영어가 쉬운 거라고는 생각지 않아. 솔직히 말해서 영어는 어려운 거야. 특히 여러분 같은 우리 나라 사람에게는 더 그래.

왜 영어가 우리 나라 사람에게는 더 어려운 거냐고? 이는 무엇보다 한국말, 그러니까 우리말과 영어가 다르기 때문이야. 서로 비슷하거나 똑같으면 어려울 게 별로 없을 텐데 안타깝게도 영어와 우리말은 여러 면에서 달라. 비단 글자 모양만 다른 게 아니라고.

영어를 보다 더 빨리, 그리고 쉽게 이해하는 방법이 있어. 그게 뭐냐고? 그것은 바로 **영어와 우리말이 어떻게 다른지, 그 차이를 아는 거야**. 영어와 우리말의 차이를 알면 영어가 한결 쉽게 이해돼. 그야말로 영어가 잘 보이는 거지. 정말이냐고? 물론 정말이지. 그럼 영어와 우리말이 어떻게 다른지, 그 차이를 하나하나 알아볼까?

말의 순서가 다르다

영어가 어렵게 느껴지는 이유 중 하나는 말의 순서, 즉 어순이 우리말과 다르기 때문이야. 예를 들어 우리말에서는 '바우는 개이다.' 라는 식으로 말하는데, 영어에서는 '바우는 이다 개. **Bau is a dog.**' 라는 식으로 표현하지.

뒤에 가서 자세히 설명하겠지만, 문장에서 주인이 되는 말은 **주어**(우리말에서는 보통 '은, 는, 이, 가' 로 끝나), 움직임이나 상태를 나타내는 말은 **동사**(우리말에서는 '~이다, ~하다' 로 나타내), 움직임의 대상이 되는 말은 **목적어**(우리말에서는 '을, 를' 로 끝나)라고 해.

이 세 가지를 사용한 우리말은 가령 '나는 축구

를 좋아한다.'라는 문장처럼 주어 다음에 목적어가 오고 맨 뒤에 동사가 와. 그런데 영어는 주어 다음에 동사가 오고 맨 뒤에 목적어가 와서 '나는 좋아한다 축구를', 즉 I like soccer.라고 표현하지.

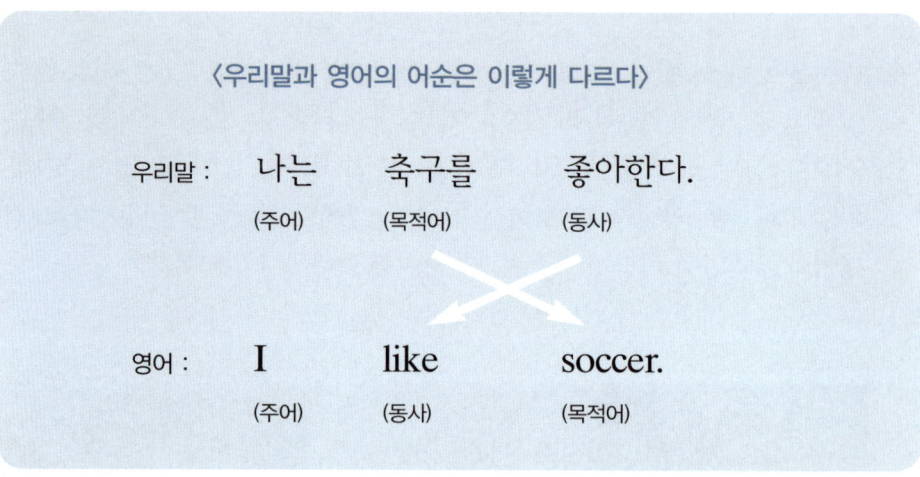

이제 영어와 우리말의 어순이 어떻게 다른지 알았지? 아직 잘 모르겠다고? 그럼 처음부터 다시 읽어봐.

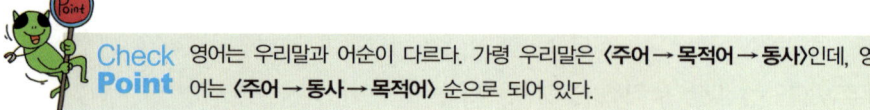

Check Point 영어는 우리말과 어순이 다르다. 가령 우리말은 〈주어 → 목적어 → 동사〉인데, 영어는 〈주어 → 동사 → 목적어〉 순으로 되어 있다.

연습문제

'나는 야구를 좋아한다'라는 우리말을 영어로 옮기려고 한다. 다음 중에서 어순에 맞게 영어로 잘 옮겨진 것을 골라보자.

① I baseball like.
② Baseball like I.
③ I like baseball.
④ Like I baseball.

우리말과 달리 영어는 〈주어 → 동사 → 목적어〉 순으로 이루어져 있다. 그러므로 '나는 야구를 좋아한다'는 **I like baseball.**이라고 해야 한다.

정답 ③

단수와 복수의 구분이 분명하다

단수는 뭐고, 복수는 또 뭐지? 모른다고? 몰라도 괜찮아. 이제부터 알면 되니까. 단수는 사람이나 물건이 하나인 경우를 가리키는 말이야. 복수는 둘 이상인 경우를 가리키는 말이고. 그러니까 단수는 하나, 복수는 둘 이상을 말하는 거라고 생각하면 돼. 그런데 우리말에서는 단수와 복수를 그다지 구분하지 않고 써. 예를 들어 우리는 연필 한 자루든 두 자루든 그냥 '연필'이라고 하지? 하지만 영어에서는 연필 한 자루인 경우에는 **a pencil**이라 하고, 두 자루 이상인 경우에는 **pencils**라고 표현해. 또 한 명의 어린이를 **a child**라고 하는데 비해 두 명 이상의 어린이들은 **children**이라고 표현하지. 이렇게 영어에서는 단수와 복수를 확실하게 구분해서 쓰고 있어.

그런데 영어에서는 복수를 만드는 방법이 우리말처럼 간단하지 않아. 규칙적인 것과 불규칙적인 것이 있기 때문이지. 규칙적인 것은 단어 끝에 **-s**나 **-es**를 붙이는 거야. 그래서 크게 복잡하지 않아. 하지만 불규칙적인 것은 말 그대로 규칙과 상관없는 것이기 때문에 조금 복잡해 보여. 복잡한 건 질색이라고? 그건 나도 마찬가지야. 아무튼 단수와 복수, 규칙적

Check Point 단수는 사람이나 물건이 **하나**인 경우를 가리키는 말이고, 복수는 **둘 이상**인 경우를 가리키는 말이다.

인 것과 불규칙적인 것에 대해서는 뒤에 가서 좀더 자세히 알아보기로 해. 여기에서는 일단 단수와 복수가 무엇인지 정도만 알아두자고.

시제가 엄격하다

현재·과거·미래……. 이런 것들은 뭘 나타내는 말이지? 시간을 나타내는 말이라고? 그래, 맞아. 그렇다면 시간을 나타내는 현재·과거·미래 같은 것들을 문법 용어로는 뭐라고 할까? 잘 모르겠다고? 너무 어려운 걸 물었나? 그건 바로 **시제(時制)**라고 해. 그러니까 시제란 현재·과거·미래 같은 것들로, 동작이나 상태가 일어난 때를 말하는 거야.

우리말에서는 현재·과거·미래 등의 시제를 '~한다, ~했다, ~할 것이다' 등으로 나타내. 그래서 현재는 지금 하고 있거나 일어나고 있는 것을 말하고, 과거는 지난날에 이미 했거나 일어났던 것을 말하며, 미래는 앞으로 일어나게 되거나 하게 될 것을 말하지.

그런데 우리말의 경우는 시제의 표현이 별로 엄격하지 않아. 그래서 가령 '나는 어제 부산에 간다'라고는 말하지 않지만 '나는 내일 부산에 간다'라는 식으로, '내일'이란 낱말이 없

Check Point 시제란 현재·과거·미래 같은 것들로, **동작이나 상태가 일어난 때**를 말한다.

으면 현재인지 미래인지 알 수 없는 경우가 많지.

그렇다면 영어에서도 그럴까? 그렇지 않아. 영어는 시제의 표현이 엄격해서 현재인지 미래인지 알 수 없게 말하는 경우는 거의 없어. 더욱이 영어의 시제는 무려 12가지나 돼. 그래서 복잡해 보이지. 하지만 겁먹을 필요는 없어. 알고 보면 별 것도 아니니까.

3가지 격이 있다

주격·소유격·목적격, 이런 말 들어봤지? 아마 들어봤을 거야. 영어문법을 처음 대하는 사람은 못 들어봤을 수도 있겠지만 말이야.

아무튼 영어에는 주격·소유격·목적격, 이렇게 3가지 격이 있어. 이것들 역시 영어가 가지고 있는 특징 중 하나로서 매우 중요한 것들이야. 그렇다면 이것들은 각각 무엇을 말하는 걸까?

먼저 **주격**은 우리말로 옮겼을 때 '은, 는, 이, 가'와 같은 말이 붙는 것으로 문장에서 주어로 쓰이는 것을 말해. 이에 비해 **소유격**은 우리말로 '~의'라고 옮기는데, '나의 (것), 우리의 (것)'처럼 누구의 소유인지를 나타낼 때 쓰이는 것을 말하지. 그리고 **목적격**은 '을'이나 '를' 또는 '에게'가 붙는 것으로, 문장에서 목적어로 쓰이는 것을 말해.

Check Point 영어에는 주어로 쓰이는 **주격**, 소유를 나타내는 **소유격**, 목적어로 쓰이는 **목적격**, 이렇게 3가지 격이 있다.

영어의 3가지 격에 대해서는 뒤에 가서 자세히 공부할 거야. 여기에서는 일단 주격·소유격·목적격이 각각 무엇인지 정도만 알아두자고.

하나의 동사에 여러 가지 뜻이 있다

<u>앞에서도 잠깐 설명했지만 동사는 움직임이나 상태를 나타내는 말이야.</u> 그런데 영어가 어렵게 느껴지는 이유는 바로 이 동사 때문이라고도 할 수 있어. 영어의 동사는 꽤 복잡하거든. 하지만 복잡하면 얼마나 복잡하겠어. 더구나 여러분의 다정한 친구인 나 투티와 함께 공부하다 보면 복잡한 것도 간단하게 익힐 수 있으니까 안심하라고.

영어의 동사 중에는 여러 가지 뜻을 지닌 것들이 무척 많아. 어떻게 여러 가지 뜻을 지녔는지 흔히 쓰이는 동사를 예로 들어볼까?

<u>1) ask</u>　① 묻다 ② 부탁하다 ③ 요구하다 ④ 필요로 하다 ⑤ 초대하다

<u>2) play</u>　① 놀다 ② 장난하다 ③ 경기를 하다 ④ 행동하다 ⑤ 도박을 하다
　　　　⑥ 연극을 하다 ⑦ 연주하다

<u>3) break</u>　① 부러뜨리다 ② 깨다 ③ 고장내다 ④ (규칙 등을) 어기다
　　　　⑤ 억지로 열다 ⑥ (적을) 쳐부수다 ⑦ 중단하다 ⑧ 갑자기 일어나다
　　　　⑨ (돈 등을) 헐다, 바꾸다

어때? 하나의 동사가 여러 가지 뜻을 가지고 있지? 그런데 영어의 동사는 또 전치사나 부사와 어울려서 서로 다른 뜻을 나타내기도 해. 예를 들어 **look**은 '보다' 라는 뜻이지만 **look after**는 '보살피다', **look for**

는 '찾다', **look back**은 '회고하다', **look in**은 '잠깐 들여다보다', **look into**는 '조사하다', **look out**은 '망보다', **look over**는 '간과하다' 등으로, 같은 동사일지라도 어떤 전치사(또는 부사)가 붙느냐에 따라서 서로 다른 뜻을 나타내고 있지.

영어의 동사는 복잡한 만큼 공부하기가 쉽지 않아 보여. 하지만 영어에서 동사는 매우 중요해. 얼마나 중요한지 동사를 알면 영어를 거의 안다고 말할 수 있지.

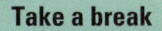

왜 영어를 공부해야 할까?

바우 : 저는 AC(에이씨) 방송국 바우 기자입니다. (그 옆의 루루 : 난 카메라맨이에요.) 지금부터 '왜 영어를 공부해야 할까?'란 주제로 여러 사람들과 인터뷰를 하겠습니다. 왜 영어를 공부해야 한다고 생각하나요?

이홀이(초등학교 5학년) : 난 솔직히 왜 영어를 공부해야 하는지 잘 모르겠어. 그냥 엄마가 시키니까, 그리고 안 하면 혼나니까 영어 공부를 하고 있을 뿐이야. 우리 나라 말도 아닌데 왜 영어를 배워야 하는지 정말 짱나.

바우 : (속으로) 나도 짱나.

고삼식(고등학교 3학년) : 가깝게는 수능 때문이지. 영어를 못하면 수능 망쳐. 하지만 수능 때문이 아니더라도 영어는 꼭 배워야 한다고 생각해. 영어는 세계 공통어라서 영어를 못하면 세계를 무대로 활동할 수 없잖아.

바우 : (속으로) 제법 똑똑한 소리를 하는군.

지방대(대학생) : 왜 영어 공부를 해야 하냐고? 그야 좋은 직장에 취직하기 위해서지. 영어 못하면 아예 취직 시험 볼 생각조차 말아야 해. 요즘엔 면접도 영어로 하는 회사가 많아. 나도 영어 하면 짱나. 하지만 영어가 이토록 중요하니 공부해야지 어쩌겠어?

바우 : (속으로) 나처럼 취직 않고 놀면 되잖아.

박쥐성(축구선수) : 영어는 매우 중요한 거야. 특히 나처럼 큰물에서 놀려면 영어를 잘해야 돼. 축구만 잘한다고 되는 게 아니라고. 나는 축구 연습 못지않게 매일 영어 공부를 하고 있어. 그래야 일류 선수가 되거든. O표형도 영어 공부 열심히 하고 있지.

바우 : (속으로) 이따가 사인 받아야지.

 **문대리(회사원)** : 영어를 쓰는 대표적인 나라가 어디야? 미국이지? 미국은 세계에서 가장 강한 나라야. 그리고 경제와 문화가 가장 발달한 선진국이지. 그래서 영향력이 대단한데, 우리가 그런 미국과 상대하려면 무엇보다 영어를 할 줄 알아야 돼. 더욱이 영어는 국제어야. 그렇기 때문에 영어를 공부해야 해. 영어를 못하면 국제적으로 놀 수도 없거니와 국제 무대에서 왕따당하기 쉽다고.

 바우 : (속으로) 난 국제적으로 안 놀 거야. 국내적으로만 놀래.

 **왕백수(직업 없음)** : 나도 잉글리시(영어)는 꼭 배워야 한다고 씽크(생각)해. 잉글리시를 하면 무엇보다 쿨하게(멋있게) 보이잖아. 헤드(머리) 속에 섬씽이(뭔가) 들어 있는 것 같고. 그래서 걸(여자)들의 인기를 좀 끌 수 있지. 나는 수많은 걸들에게 인기가 있는데, 그건 마이(나의) 페이스(얼굴)가 핸섬(잘생긴)하기 때문이기도 하지만 그보다는 잉글리시를 잘하기 때문이랄 수 있지. 음하하하!

 바우 : (속으로) 잘난 척하기는.

(외국인 인터뷰, 바우는 영어를 못하므로 루루에게 마이크를 건네고 대신 카메라를 어깨에 멘다)

 루루 : (외국인에게 마이크를 들이대며) Why do we study English? (왜 우리는 영어를 공부하죠?)

 **다니엘 헨니(미국인)** : Because English is the most widespread language in the world. If you can speak English, you can communicate with foreigners. I think we must study English to understand foreigners and to get along with them. (왜냐하면 영어는 세상에서 가장 널리 퍼져 있는 언어이기 때문이야. 영어를 할 줄 알면 외국인들과 의사 소통을 할 수 있어. 외국인들을 이해하고 그들과 사이좋게 지내기 위해서 영어를 공부해야 한다고 생각해.)

 바우 : (루루에게) 뭐래? 영어 공부할 필요 없다지?

 루루 : 그랬으면 좋겠지만 아니야. 바우 너도 제발 영어 공부 좀 하래.

PART 2

제1부 기본편

영어의 정체를 밝혀라!

PART 2 영어의 정체를 밝혀라!

영어문장은 어떻게 이루어져 있을까?

Sentence

우리는 마음속의 생각이나 감정을 어떻게 나타내지? 여러 가지 단어들을 사용하여 나타낸다고?

잘 아는군. 그래, 생각이나 감정은 단어들을 사용하여 나타내지. 그런데 이때 단어들을 아무렇게나 나열하여 사용하지는 않아. 그렇게 하면 생각이나 감정을 제대로 나타내지 못하게 돼.

그렇다면 어떻게 해야 생각이나 감정을 제대로 나타낼 수 있을까? 단어들을 일정한 법칙과 순서에 따라서 나열해야 하겠지? 그래, 그래야만 돼. 그런데 그렇게 한 것을 가리켜서 뭐라고 할까? 바로 문장이라고 말해. 결국 문장이란 생각이나 감정을 나타내기 위해서 단어

들을 일정한 법칙과 순서에 따라 나열한 것이야.
문장은 일정한 규칙과 여러 가지 요소로 이루어져 있어. 영어문장도 그러냐고? 그럼 당근이지. 자, 그렇다면 영어문장은 어떤 규칙과 요소로 이루어져 있는지 알아볼까?

알파벳이 모여 단어가 되고, 단어가 모여 문장이 된다

여러분 중에 영어단어가 무엇으로 이루어져 있는지 모르는 사람은 없을 거야. 있다고? 에이, 농담하지 마! 알파벳으로 이루어져 있다는 거 다 알면서 왜 그래? 단어는 알파벳이 모여서 만들어진 거야. 문장은 단어가 모여서 만들어진 거고. 그러니까 알파벳이 모여서 단어가 되고, 단어가 모여서 문장이 되는 것이지.

그런데 알파벳이 모이면 다 단어가 되는 걸까? 그렇지 않아. 단어를 일정한 법칙과 순서에 따라 나열해야만 의미를 갖는 문장이 되는 것처럼 알파벳 역시 그래야만 돼. 다시 말해 **알파벳을 정해진 순서에 따라서 나열해야만 일정한 뜻을 지닌 단어가 되는 거라고.**

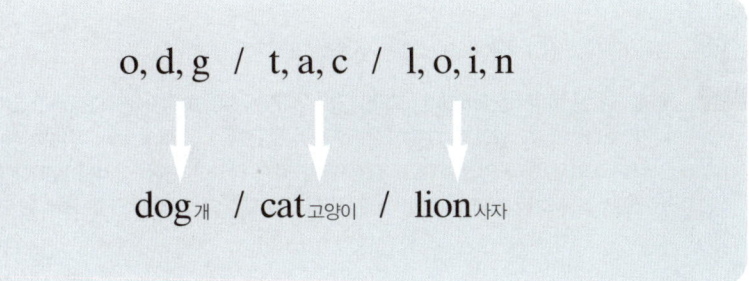

여러분도 알다시피 알파벳을 하나씩 떼어놓으면 아무런 뜻도 갖지 못해. 요컨대 알파벳 하나는 단어가 될 수 없다는 얘기야. 그러나 알파벳 하나가 단어가 되는 특별한 경우가 있어.

a는 알파벳이 한 개인 낱글자이면서 동시에 '하나' 라는 뜻의 단어야. I도 낱글자이면서 '나' 란 뜻의 단어이고. 알파벳에는 큰 글자 모양과 작은 글자 모양이 있는데 큰 글자 모양의 글씨는 **대문자**, 작은 모양의 글씨는 **소문자**라고 해. 그렇다면 대문자와 소문자에 차이가 있을까? 물론 있고 말고. 영어에서는 대문자를 쓰는 경우와 소문자를 쓰는 경우가 따로 정해져 있어.

문장 처음에 오는 단어의 첫 알파벳은 항상 대문자로 써. 아래처럼 말이야. 첫 알파벳을 대문자로 쓰는 것은 문장이 시작된다는 표시이지.

He is stupid. 그는 띨(멍청)하다.

사람 이름이나 지명, 고유명사의 첫 알파벳도 다음과 같이 대문자로 써.
John 존 | **S**eoul 서울 | 나 | **K**orea 한국

I 는 앞에 오나 뒤에 오나 왜 항상 대문자로 쓰나요?

원래 '나' 란 뜻의 I는 ich였어. 그러던 것이 나중에 발음하기가 어려운 ch가 떨어져 나가면서 i만 남게 되었지. 그런데 소문자인 i는 문제가 많았어. 글씨가 너무 작아서 읽기도 어려운 데다 인쇄를 해도 잘 구별이 되지 않았던 거야. 그러니 얼마나 불편했겠어? 결국 그런 불편 때문에 '나' 란 뜻의 소문자 i 대신 대문자 I를 쓰게 된 거야.

바로 앞에서 문장 맨 앞에 오는 단어의 첫 알파벳을 대문자로 쓰는 것은 문장이 시작된다는 표시라고 했지? 그렇다면 문장이 끝났다는 표시는 어떻게 할까? 이 경우에는 문장의 맨 끝에 마침표를 찍어. 마침표는 영어로 피리어드 **period**라고 하는데 보통의 문장에는 온점(.)을 찍어. 그리고 묻는 문장에는 물음표(?), 감탄이나 느낌 등을 나타내는 문장에는 느낌표(!)를 달지.

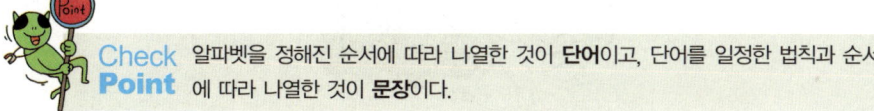

Check Point 알파벳을 정해진 순서에 따라 나열한 것이 **단어**이고, 단어를 일정한 법칙과 순서에 따라 나열한 것이 **문장**이다.

Take a break

Who am I?

문장은 주부와 술부로 이루어져 있다

문장은 주부와 술부로 이루어져 있어. 그렇다면 주부는 뭐고, 술부는 또 뭘까? 주부는 집에서 살림을 하는 엄마를 가리키는 말이라고? 물론 엄마를 보통 주부라고 하지. 하지만 문장을 이야기하는 자리에 집에서 살림하는 엄마가 왜 나오냐고? 여기에서 주부란 엄마가 아니라 문장에서 주가 되는 부분을 말해.

주부의 가장 큰 특징은 주어가 있다는 거야. 그래서 주어부라고도 해. 앞에서 '은, 는, 이, 가'와 같은 말이 붙는 것을 주어라고 했지? 결국 주부란 우리말로 옮겼을 때 '은, 는, 이, 가'와 같은 말이 붙는 부분이야. 그럼 술부는 뭘까? 술부란 주부를 설명해 주는 부분을 말해. 술부는 흔히 '~하다, ~이다'로 해석이 돼. 앞에서 '~하다, ~이다'는 동사에 해당된다고 했는데, 결국 술부란 움직임이나 상태를 나타내는 동사가 있는 부분이라고 말할 수 있지.

문장을 통해서 주부와 술부를 알아볼까?

〈주부〉

Lulu
루루는

Tuti and Bau
투티와 바우는

The man in the room
방안의 남자는

〈술부〉

speaks English very well.
영어를 매우 잘한다.

are very good friends.
아주 친한 친구이다.

looks very old.
나이가 무척 들어 보인다.

주부가 없는 문장도 있다는데, 어떤 것들일까요?

영어의 문장은 〈주부 + 술부〉로 이루어져 있는 것이 원칙이야. 하지만 다음과 같이 명령이나 감탄을 나타내는 문장이나 관용적인 표현에서는 주부가 생략되기도 해.

〈명령문〉

〈감탄문〉

〈관용적 표현〉

English(영어)란 단어는 어디에서 왔을까?

① 잉글랜드(England, 영국)란 말에서
② 셰익스피어의 작품에 나오는 한 인물의 이름에서
③ 앵글족, 색슨족, 주트족의 언어인 Englisc에서
④ 옛날 영국의 한 마법사가 키운 올빼미의 이름에서

5세기경 앵글족, 색슨족, 주트족이 원주민인 켈트족을 몰아내고 영국에 거주하기 시작했다. 이들이 쓰는 말을 Englisc(발음은 잉글리시와 비슷함)라 불렀는데, 영어를 뜻하는 English는 바로 이 말에서 유래했다고 한다.

정답 ③

문장은 4가지 기본 요소로 되어 있다

문장을 이루는 데는 4가지 요소가 필요해. 이 4가지 요소는 문장의 뼈대를 이루는 거야. 그래서 문장의 기본 요소라고 하지. 그렇다면 문장의 기본 요소가 뭘까? 바로 **주어 · 동사 · 목적어 · 보어**야. 모두 처음 들어본 말이라고? 보어만 빼고 주어, 동사, 목적어에 대해서는 앞에서 잠깐 설명했잖아? 그 새 까먹었나 보지?

아무튼 문장은 이 4가지 기본 요소로 되어 있어. 아무리 긴 문장이라도 그 뼈대는 주어·동사·목적어·보어, 이 4가지야. 그렇다고 4가지 요소가 다 있어야 문장이 된다는 뜻은 아니야. 하나의 문장에 4가지 요소가 다 들어 있을 수도 있고, 그 중 몇 가지만 들어 있을 수도 있어.
문장의 기본 요소를 좀더 자세히 살펴볼까?

>>1. 주어

주어는 주부의 중심을 이루는 것으로, '은, 는, 이, 가'와 같은 말이 붙는 거야. 그렇다면 무엇이 주어가 될까? 문장에서 주어가 될 수 있는 것은 명사·대명사·명사구 등이야.

1) 명사 주어	**Dogs are barking.** 개들이 짖고 있다.
2) 대명사 주어	**He played computer games yesterday.**
	그는 어제 컴퓨터 게임을 했다.
3) 명사구 주어	**To tell a lie is wrong.** 거짓말하는 것은 나빠.

>>2. 동사

동사는 술부의 중심이 되는 것으로, 주어의 동작이나 상태를 나타내. 그리고 우리말로 옮기면 '~하다, ~이다'의 뜻이야.

They play soccer. 그들은 축구를 한다.
She is pretty. 그녀는 귀여워.

>> 3. 목적어

목적어란 움직임의 대상이 되는 말이야. 즉 동사가 무엇을 하는지 말해 주는 것이 목적어인데, 우리말로는 '~을(를)' 또는 '~에게'로 해석돼.

He likes music **very much.** 그는 음악을 무척 좋아한다.
I gave him a book**.** 나는 그에게 책을 주었다.

* 동사에 따라서는 목적어를 두 개 갖는 것이 있어. 이 경우 앞에 나오는 목적어는 '~에게'로 해석되는데 이를 **간접목적어**라고 해. 그리고 뒤에 나오는 목적어는 '~을(를)'로 해석되며 **직접목적어**라고 부르지.

>> 4. 보어

동사 중에는 그 하나만으로는 뜻을 나타낼 수 없는 것이 있어. 이런 경우 동사의 뜻을 보충해 주는 말이 필요한데, 이를 보어라고 해. 문장에서 보어가 될 수 있는 말은 명사와 형용사 같은 것들이야.

She is a singer**.** 그녀는 가수이다.
　　　　　　　　보어(명사)
He looks happy**.** 그는 행복해 보인다.
　　　　　　　　보어(형용사)

Check Point

주어는 **주부의 중심**을 이루는 것으로, '은, 는, 이, 가'와 같은 말이 붙는다.
동사는 **술부의 중심**이 되는 것으로, 주어의 동작이나 상태를 나타낸다.
목적어는 움직임의 **대상이 되는 말**로서, 동사가 무엇을 하는지 말해 준다.
보어는 그 하나만으로는 뜻을 나타낼 수 없는 **동사를 보충해 주는 말**이다.

> **연습문제**

다음 문장들의 밑줄 친 부분이 주어이면 S, 동사이면 V, 목적어이면 O, 보어이면 C로 표시해 보자.

① **Birds** are singing. 새들이 지저귀고 있다.

② **To get up early** is good for your health.
아침에 일찍 일어나는 것은 건강에 좋다.

③ She **plays** the violin very well. 그녀는 바이올린을 잘 연주한다.

④ I like **computer games.** 나는 컴퓨터 게임을 좋아한다.

⑤ He is **a tough guy.** 그는 터프가이다.

정답 ① **S** Birds는 명사 주어이다. ② **S** To get up early는 명사구 주어이다. ③ **V** plays는 주어(She)의 동작을 나타내는 동사이다. ④ **O** 우리말로 해석하여 '을, 를'이 붙으면 목적어이다. ⑤ **C** a tough guy는 동사(is)의 뜻을 보충해 주는 보어이다.

문장의 종류는 크게 5가지이다

<u>이 세상 거의 모든 것들은 종류가 있어. 개도 종류가 있고, 하늘을 나는 새도 종류가 있지.</u> 문장에도 종류가 있어. 문장은 그 안에 담긴 내용에 따라서 **평서문 · 의문문 · 명령문 · 감탄문 · 기원문** 등으로 나눌 수 있지. 이 중에 평서문은 가장 일반적인 문장이야. 말하자면 대부분의 문장이 평서문이라고 할 수 있지. 의문문은 말 그대로 묻는 문장이야. 그래서 문장 끝에 물음표(?)가 붙어. 명령문은 누군가에게 명령할 때 쓰는 문장이야. 그리고 감탄문은 느낌을 나타내는 문장이고, 기원문은 기도와 같이 바라는 바를 표현하는 문장을 말하지. 자, 그럼 각각의 문장에 대해서 좀더 자세히 알아볼까?

>> 1. 평서문

평서문은 평범하게 서술하는 문장이란 뜻으로 사실을 그대로 말하는 문장이야. 우리가 말하는 대부분의 문장이 평서문이지. 평서문은 〈주어 + 동사(+~)〉의 어순으로 이루어져 있어.

Lulu is a cat. 루루는 고양이다.
She lives in Seoul. 그녀는 서울에 산다.

>> 2. 의문문

의문문은 궁금한 것을 묻는 문장이야. 보통의 의문문에는 **Yes**나 **No**로 대답해. 그리고 의문문을 만들려면 **be**동사 (**am, are, is**)를 문장의 맨 앞에 놓거나 **Do** 또는 의문사(**who, what, how, where, when, which, why**)를 사용하지. 나머지 자세한 것은 뒤에 가서 설명할게. 여기에서는 의문문이 무엇인지 정도만 알아두자고.

Are you happy? 너는 행복하니?
Do you like music? 너는 음악을 좋아하니?
When is your birthday? 네 생일은 언제야?

>> 3. 명령문

명령문은 "공부해라, 즐겁게 놀아라."와 같이 누군가에게 명령할 때 쓰는 문장이야. 명령문을 만들 때는 주어인 **You**를 대부분 쓰지 않아. 그 대신 언제나 동사원형으로 시작하지.

Close the window. 창문 좀 닫아라.
Go out and play. 나가 놀아라.

>> 4. 감탄문

감탄문은 놀람, 기쁨 등 느낌을 나타내는 문장이야. 감탄문에서는 주어와 동사를 생략하기도 해.

What a beautiful flower (that is)! 정말 아름다운 꽃이다!
How pretty (she is)! 그녀는 참 예쁘구나!

>> 5. 기원문

기원문은 바람이나 소망을 나타내는 문장이야. 기원문은 대부분 〈**May** + 주어 + 동사원형 ~!〉의 형식을 사용하지.

May you succeed! 부디 성공하기를!
(May) God bless you! 신의 축복이 있기를!

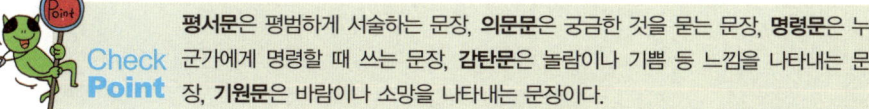

Check Point: **평서문**은 평범하게 서술하는 문장, **의문문**은 궁금한 것을 묻는 문장, **명령문**은 누군가에게 명령할 때 쓰는 문장, **감탄문**은 놀람이나 기쁨 등 느낌을 나타내는 문장, **기원문**은 바람이나 소망을 나타내는 문장이다.

연습문제

다음 문장들은 각각 어떤 종류의 문장일까? 보기에서 골라 ( ) 안에 써 넣어보자.

> **보기**   평서문   명령문   감탄문   의문문   기원문

① **Be quiet.** 조용히 해. (   )
② **How handsome (he is)!** 그는 정말 잘생겼구나! (   )
③ **My teacher is strict.** 우리 선생님은 엄하다. (   )
④ **May you live long!** 부디 오래오래 사세요! (   )
⑤ **Do you like dogs?** 너 개 좋아하니? (   )

정답   ① 명령문   ② 감탄문   ③ 평서문   ④ 기원문   ⑤ 의문문

Take a break
이들은 어떻게 만났을까?

PART 3

PART 3 각각의 품사와 그 쓰임에 대해 알아보자

이 세상 모든 것들의 이름
명사

Noun

> 명사 NOUN
>
> 앞에서도 살펴보았듯이 문장 안에는 여러 가지 단어들이 있어. 그런데 이 단어들은 저마다 하는 일이 다른 데다 하나하나가 개성이 뚜렷해. 그리고 그런 만큼 각기 이름을 가지고 있어. 그래서 각각 다르게 불리지. 그렇다면 각각의 단어들이 가지고 있는 이름을 통틀어서 뭐라고 말할까? 잘 모르겠다면 힌트를 줄게. 두 글자로 된 말인데 첫 번째 글자는 품이고, 두 번째 글자는 사야. 정답은 품사(品詞)라고? 딩동댕! 맞았어. 우와, 되게 똑똑하군.
>
> 품사에는 명사, 관사, 대명사, 동사, 형용사, 부사, 전치사, 접속사 등이 있지. 이것들은 모두 한자로 이루어진 말이야. 그래서 무슨 뜻인지 쉽게 이해되지 않을 수도 있지. 하지만 걱정 마. 알고 보면 별것도 아니니까.
>
> 자, 그럼 이제부터 각각의 품사와 그 쓰임에 대해서 알아볼까?

컴퓨터, 책상, 소나무, 개나리, 대한민국, 서울, 바우, 루루, 박말숙…. 이런 것들을 뭐라고 할까?

뭐라고 하기는 뭐라고 해, 이름이라고 하지. 여러분도 알다시피 우리가 살고 있는 이 세상의 모든 것들에는 이름이 붙어 있어. 그래서 우리는 물건이든 동물이든 사람이든 이름을 가지고 구별하지.

만약 이름이 없다면 어떻게 될까? 이름이 없으면 무언가를 말할 때 무척 힘들게 돼. 또 뭐가 뭔지도 알 수 없게 되고 말이야. 그래서 이름은 매우 중요한 거야. 아기가 태어나면 이름부터 짓는데, 이 역시 이름이 그만큼 중요하기 때문이랄 수 있지.

이 세상 모든 것들에 빠짐없이 있는 이름! 이 이름을 다른 말로 뭐라고 할까? 바로 명사라고 해. 결국 명사란 이 세상 모든 것들이 가지고 있는 이름을 나타내는 말이야. 그렇다면 명사에는 어떤 것들이 있는지 살펴볼까?

명사의 종류

이 세상 모든 것들의 이름인 명사, 여기에는 크게 두 종류가 있어. 셀 수 있는 명사와 셀 수 없는 명사가 있지. 그렇다면 먼저 셀 수 있는 명사에 대해서 알아보기로 할까?

>>1. 셀 수 있는 명사

셀 수 있는 명사는 말 그대로 '하나, 둘, 셋' 하고 손가락으로 셀 수 있는 거야. 그런데 셀 수 있는 명사에도 종류가 있어. 아래처럼 보통명사와 집합명사, 이렇게 두 종류가 있지.

1) 보통명사   보통명사는 그야말로 특별할 게 하나도 없는 평범한 명사야. 그저 단순하게 사람이나 사물을 가리키는 말이라고 할 수 있지. 그래서 보통명사는 눈으로 구분할 수 있는 것들의 이름인 경우가 많아. 예를 들어 **boy** 소년 | **dog** 개 | **book** 책 | **apple** 사과 | **computer** 컴퓨터 같은 것들처럼 말이야.

2) 집합명사   집합명사는 사람이나 사물이 모여서 하나의 집합을 이루는 명사를 말해. 대표적인 집합명사로는 **family** 가족 와 **class** 학급 를 들 수 있어. 왜냐고? 가족은 부모님, 형제 자매들, 나, 이렇게 여러 사람이 집합을 이루는 것이고, 학급도 철수, 영희, 상우 등 여러 명의 학생들이 집합을 이루는 것이니까. 결국 집합명사란 하나하나가 모여서 집합을 이루는 것을 말하는 거야.

>>2. 셀 수 없는 명사

명사에는 숫자를 세고 싶어도 도저히 셀 수 없는 것이 있어. 그 대표적인 것이 고유명사, 물질명사, 추상명사야. 왜 이런 것들이 셀 수 없는 명사인지 알아볼까?

Check Point 명사란 이 세상 모든 것들이 가지고 있는 이름을 나타내는 말로, 여기에는 셀 수 있는 명사와 셀 수 없는 명사가 있다.

1) 고유명사 고유명사는 이 세상에 딱 하나만 있는 것의 이름을 말해. 그래서 세려고 해도 셀 수가 없어. 예를 들면 **Sam** 샘이나 **Jane** 제인 같은 사람 이름, **America** 미국나 **Seoul** 서울 같은 국가나 도시 이름, **October** 10월나 **Monday** 월요일같은 달이나 요일 이름 등이 고유명사이지.

고유명사는 왜 첫 글자를 대문자로 표기하나요?

사람의 이름은 세상에 오직 하나뿐인 그 사람을 가리켜. 마찬가지로 국가나 도시의 이름도 세상에 딱 하나뿐인 곳을 나타내는데, 그래서 이 같은 고유명사의 첫 글자는 꼭 대문자로 표기해.

2) 물질명사 물질명사는 모양과 크기가 일정하지 않은 물질을 나타내는 명사를 말해. 예를 들면 **water** 물 | **sugar** 설탕 | **milk** 우유 | **air** 공기 같은 것들이 있지. 이런 것들은 모양과 크기가 자꾸 변해. 그래서 정확한 숫자를 셀 수가 없는 거야.

3) 추상명사 추상명사는 모양이 없는 것, 그래서 보이지 않는 감정이나 생각, 상태 등을 나타내는 명사를 말해. 눈에 보이지 않으니 당연히 셀 수가 없겠지? 추상명사에는 **love** 사랑 | **hope** 희망 | **peace** 평화 등이 있어.

Check Point

- 셀 수 있는 명사 → boy, dog, family, apple, computer, book, class … (보통/집합명사)
- 셀 수 없는 명사 → Sam, America, October, Seoul, Monday … : 오직 하나뿐이라서 셀 수 없음(고유명사)
- → water, sugar, milk, air … : 모양과 크기가 자꾸 변해서 셀 수 없음(물질명사)
- → love, hope, peace … : 아무리 눈을 씻고 봐도 보이지 않아서 셀 수 없음 (추상명사)

연습문제

1. 물건의 이름은 모두 명사이다. 여러분의 책상 위에도 명사에 해당되는 물건이 있을 것이다. 그 물건들의 이름을 적어보자.

   book, _____

2. 다음 문장에서 명사를 골라 동그라미를 쳐보자.

   ① **Bau likes bones.** 바우는 뼈다귀를 좋아한다.
   ② **Lulu can speak English.** 루루는 영어를 말할 수 있다.
   ③ **A rabbit eats a carrot.** 토끼가 당근을 먹는다.
   ④ **Mary lives in London.** 메리는 런던에서 산다.

3. 보기에서 셀 수 있는 명사와 셀 수 없는 명사를 골라보자.

   > 보기 water 물, art 예술, rain 비, car 자동차, Korea 한국, health 건강, lion 사자, Rome 로마, flower 꽃, rose 장미, doctor 의사, family 가족, sand 모래, park 공원

   셀 수 있는 명사 : car, _____
   셀 수 없는 명사 : water, _____

정답 1. 예) **book** 책 | **notebook** 공책 | **pencil** 연필 | **pencil case** 필통 | **clock** 시계 | **computer** 컴퓨터 | **doll** 인형 등 2. ① Bau, bones ② Lulu, English ③ rabbit, carrot ④ Mary, London 3. 셀 수 있는 명사 : car, lion, flower, rose, doctor, family, park 셀 수 없는 명사 : water, art, rain, Korea, health, Rome, sand

명사의 단수와 복수

앞에서 단수는 사람이나 물건이 하나인 경우를 가리키는 말이고, 복수는 둘 이상인 경우를 가리키는 말이라고 했어. 기억하지?

그렇다면 단수와 복수의 형태는 각각 어떻게 만들까?

>>1. 단수형을 만들려면?

명사 앞에 **a**나 **an**을 붙여. 대부분의 경우 **a**를 붙이지만, 그 단어가 모음, 즉 **a, e, i, o, u** 중 하나로 시작되는 경우에는 **an**을 붙여야 돼.

1) a를 붙이는 경우   a **pen** 펜 하나 | a **dog** 개 한 마리 | a **UFO** 미확인 비행물체

2) an을 붙이는 경우   a, e, i, o, u로 시작되는 명사 앞에
　　an **apple** 사과 하나 | an **orange** 오렌지 하나 | an **hour** 한 시간

>>2. 복수형을 만들려면?

복수형을 만드는 데는 규칙적인 것과 불규칙적인 것이 있어. 규칙적인 것은 단어 끝에 **-s**나 **-es**를 붙이면 돼. 그래서 그다지 어렵지 않지. 하지만 불규칙적인 것은 규칙과 상관없어서 따로따로 알아두어야 하기 때문에 좀 번거로워.

1) 규칙적인 복수형

　(1) **s**를 붙이는 경우(대부분의 명사 뒤에)

　　boy 소년 ▶ **boys** | **cat** 고양이 ▶ **cats** | **desk** 책상 ▶ **desks** | **friend** 친구 ▶ **friends**

　　* **pants** 바지 | **gloves** 장갑 | **shoes** 신발 | **socks** 양말 등과 같이 짝을 이루는 낱말들도 -s를 붙여.

　(2) **es**를 붙이는 경우   ① **s, sh, ch, x, o**로 끝나는 명사 뒤에

　　bus 버스 ▶ **buses** | **dish** 접시 ▶ **dishes** | **bench** 벤치 ▶ **benches** | **box** 상자 ▶ **boxes** | **potato** 감자 ▶ **potatoes**

　　* 다만 다음과 같은 단어는 o로 끝나도 -s를 붙여야 돼. **radio** 라디오 ▶ **radios** | **piano** 피아노 ▶ **pianos** | **photo** 사진 ▶ **photos**

② 〈자음 + y〉로 끝나는 명사는 y를 i로 고치고 es를 붙여.
baby 아기 ▶ **bab**ies | **city** 도시 ▶ **cit**ies | **lady** 숙녀 ▶ **lad**ies
③ 단어 끝이 f나 fe로 끝나면 v로 고치고 es를 붙여.
leaf 나뭇잎 ▶ **lea**ves | **wolf** 늑대 ▶ **wol**ves | **knife** 칼 ▶ **kni**ves
* 다만 **roof** 지붕 ▶ **roofs** | **handkerchief** 손수건 ▶ **handkerchiefs** 등은 예외이지.

2) **불규칙적인 복수형** 불규칙적인 복수형은 말 그대로 규칙과 상관없는 것이기는 하지만 크게 3가지로 나눌 수 있어.

(1) 모음이 변하는 것

man 남자 ▶ **men** | **foot** 발 ▶ **feet** | **tooth** 이 ▶ **teeth** | **mouse** 생쥐 ▶ **mice**

(2) 단어 끝에 en 또는 ren이 붙는 것

ox 황소 ▶ **ox**en | **child** 어린이 ▶ **child**ren

(3) 단수와 복수의 모양이 같은 것

sheep 양 ▶ **sheep** | **deer** 사슴 ▶ **deer** | **fish** 물고기 ▶ **fish** |
Chinese 중국인 ▶ **Chinese** | **Swiss** 스위스 사람 ▶ **Swiss**

Check Point 명사의 단수형은 명사 앞에 보통 a를 붙여서 만들지만, 모음(a, e, i, o, u)으로 시작되는 명사 앞에는 an을 붙여서 만든다. 명사의 복수형은 s나 es를 붙여서 만드는 규칙적인 것과 불규칙적인 것이 있다.

연습문제

다음 낱말의 복수형을 퍼즐의 빈칸에 채워 넣어보자. (답은 가로로 쓰셈.)

man 남자	m e ☐
foot 발	f ☐ e ☐
sheep 양	s ☐ ☐ e ☐
leaf 나뭇잎	l ☐ ☐ ☐ e ☐
dress 옷	d ☐ ☐ ☐ e ☐
child 어린이	c ☐ ☐ ☐ ☐ e ☐
century 세기	c ☐ ☐ ☐ ☐ ☐ e ☐

정답 men / feet / sheep / leaves / dresses / children / centuries

PART 3 각각의 품사와 그 쓰임에 대해 알아보자

명사가 쓰는 모자
관사

Article

관사 ARTICLE

관사란 말 들어봤지? 말은 들어봤는데 관사가 무엇인지는 잘 모르겠다고? 좋아, 그럼 이제부터 관사에 대해 설명할게.

관사의 관(冠)은 '갓', 그러니까 머리에 쓰는 '모자'를 뜻하는 말이야. 그런데 관사는 꼭 명사 앞에 붙어다녀. 그렇다면 관사는 누가 쓰는 모자라고 할 수 있을까? 명사가 쓰는 모자라고 할 수 있겠지? 그래, 관사란 명사가 쓰는 모자야. 그런데 모자에도 종류가 있듯이 관사에도 종류가 있어. **부정관사(a 또는 an)**와 **정관사(the)**, 이렇게 말이야. 물론 이 두 관사는 모양이 다른 만큼 쓰임도 각각 달라. 어떻게 다른지 알아볼까?

52

부정관사 / a, an

부정관사 a와 an은 아래의 예문처럼 셀 수 있는 명사 앞에 붙여서 '하나의' 또는 '어떤' 등의 뜻으로, 가리키는 것이 분명하지 않을 경우에 써.

This is a pen. 이것은 하나의 펜이다.
A gentleman came to see you. 어떤 신사가 너를 보러 왔다.

그런데 앞에서 설명한 것처럼 같은 부정관사라도 뒤에 오는 명사가 자음으로 시작되면 a를, 모음(a, e, i, o, u)으로 시작되면 an을 붙여. **an orange** 오렌지 하나 | **an Indian** 한 사람의 인디언 | **an umbrella** 우산 하나 처럼 말이야. 부정관사는 '하나의'나 '어떤' 외에 여러 다른 뜻으로도 쓰이는데, 그런 것은 나중에 배우기로 해. 한꺼번에 너무 많이 알면 골치 아프니까.

정관사 / the

정관사 the는 셀 수 있거나 셀 수 없는 명사 앞에 붙여서 가리키는 것이 분명할 경우에 써. 예를 들면 다음과 같은 경우에 쓰지.

I bought a book. The book is very interesting.
나는 책을 한 권 샀다. 그 책은 매우 재미있다.

여기에서 **a book**은 막연히 책 한 권을 뜻해. 하지만 정관사가 붙은 뒤의 **the book**은 '내가 산 책'으로 특정한 것을 가리키지. 그렇기 때문에 정관사 **the**를 쓴 거야.

정관사 **the**는 다음과 같은 경우에도 써.

1. 세상에서 하나밖에 없는 것을 가리킬 때

    the sun태양 | **the moon**달 | **the earth**지구 | **the Alps**알프스 산맥

2. 굳이 설명하지 않아도 서로 알고 있는 것을 가리킬 때

    Open the window.창문 좀 열어 줘. (상대방도 어떤 창문을 말하는지 알고 있음)

3. 〈the + 형용사〉의 꼴로, 보통명사의 복수와 같은 뜻을 나타내려고 할 때

    the old = old people노인들   **the poor = poor people**가난한 사람들

> **명사 앞에는 무조건 관사를 붙여야 하나요?**
>
> 명사 앞에는 대부분 관사를 붙이지만 다음과 같은 경우에는 붙이지 않아도 돼.
> ① 건물, 장소, 가구 등이 본래의 목적으로 쓰일 때
>   **go to school**(공부하러) 학교에 간다 | **go to bed** 잠자러 간다
> ② 식사, 운동, 학과, 계절 이름 앞에
>   **have lunch**점심 식사하다 | **play baseball**야구하다
> ③ 자연스레 굳어진 말 앞에
>   **by bus**버스로 | **on foot**걸어서 | **at night**밤에 | **at home**집에 | **hand in hand**손에 손잡고 | **knife and folk**칼과 포크

Check Point 부정관사(a 또는 an)는 셀 수 있는 명사 앞에 붙여서 '하나의' 또는 '어떤' 등의 뜻으로, 가리키는 것이 분명하지 않을 경우에 쓴다. 반면에 **정관사**(the)는 셀 수 있거나 셀 수 없는 명사 앞에 붙여서 가리키는 것이 분명할 경우에 쓴다.

연습문제

1. ( ) 안에서 알맞은 것을 골라보자.

    ① **This is (a , an) ring.** 이것은 반지다.
    ② **He is (a , an) engineer.** 그는 기술자이다.

2. **a, an, the** 중 ( ) 안에 알맞은 것을 넣어보자. 만약 관사가 필요 없으면 × 표를 하자.

    ① **I bought a bag. ( ) bag is red.** 나는 가방을 하나 샀다. 그 가방은 빨간색이다.
    ② **Pass me ( ) salt, please.** 그 소금 좀 주세요.
    ③ **Hawaii is ( ) island in ( ) Pacific Ocean.** 하와이는 태평양에 있는 하나의 섬이다.
    ④ **We play ( ) basketball every day.** 우리는 매일 농구를 한다.

정답 1. ① **a** ② **an** *뒤에 오는 명사가 모음으로 시작되면 **an**을 붙인다. 2. ① **The** *특정한 것을 가리킬 때는 **the**를 쓴다. ② **the** *서로 알고 있는 것을 가리킬 때도 **the**를 쓴다. ③ **an, the** *하나밖에 없는 것을 가리킬 때도 **the**를 쓴다. ④ × *운동 경기에는 관사가 붙지 않는다.

같은 영어인데도 영국에서 사용하는 영어(British English)와 미국에서 사용하는 영어(American English) 사이에는 약간의 차이가 있다. 심지어 사물의 이름을 달리 부르는 경우도 더러 있는데, 다음 중 그 설명이 옳은 것은?

① 영국에서는 승강기를 lift라 하고, 미국에서는 elevator라고 한다.
② 영국에서는 아파트를 apartment라 하고, 미국에서는 flat이라고 한다.
③ 영국에서는 지하철을 subway라 하고, 미국에서는 tube라고 한다.
④ 영국에서는 가을을 fall이라 하고, 미국에서는 autumn이라고 한다.

영국에서는 승강기, 아파트, 지하철, 가을을 각각 lift, flat, tube, autumn이라고 한다. 그런데 미국에서는 이 각각을 elevator, apartment, subway, fall이라고 부른다. 또 영국에서는 public school이 사립학교를 가리키는데 비해 미국에서는 공립학교를 의미한다. 미국에서 I'm sick.이라고 하면 보통 '아프다.'는 뜻으로 통한다. 그런데 이 말을 영국 사람들은 '구역질난다.'는 뜻으로 받아들인다.

정답 ①

PART 3 각각의 품사와 그 쓰임에 대해 알아보자

대명사
명사를 대신하는 말

Pronoun

돌발 퀴즈

대명사란 뭘까?
① 수많은 부하 명사들을 거느린 대장 명사
② 명사 중에서 덩치가 대따 큰 거
③ 명사를 대신하는 말

여러분 중에는 정답이 ①이나 ②라고 생각하는 사람이 없을 거야. 뭐, 있다고? 설마…, 농담이겠지.

당연히 정답은 ③, 대명사는 명사를 대신하는 말이야. 그렇다면 왜 대명사가 필요할까? 한마디로 말해 편리하기 때문이야. 다음과 같은 문장을 한번 읽어봐.

"<u>이순신 장군</u>은 <u>이순신 장군</u> 자신이 직접 만든 거북선과 <u>이순신 장군</u>을 따

57

르는 이순신 장군의 정예 수군을 이끌고 이순신 장군이 가장 싫어하는 왜군을 무찔렀다."

어때, 읽기 불편하지? '이순신 장군'이라는 명사가 너무 많이 나와서 말이야. 똑같은 명사가 많이 나오면 문장이 쓸데없이 길어지는 데다 지루한 기분이 들어서 읽기 불편해. 그럼 명사인 이순신 장군을 대신하는 대명사를 사용해 다시 써볼까?

"이순신 장군은 **자신**이 직접 만든 거북선과 **그**를 따르는 **그의** 정예 수군을 이끌고 **그가** 가장 싫어하는 왜군을 무찔렀다."

어때, 아주 간단하고 편리하지? 대명사는 이처럼 명사를 대신해 말과 글을 쉽고 간편하게 만들어주는 거야.
대명사는 사람이나 사물을 가리지 않고 무엇이든 대신할 수 있어. 그리고 무엇을 대신하느냐에 따라 크게 **인칭대명사, 지시대명사, 부정대명사** 등으로 나눌 수 있지. 그럼 각각의 대명사가 어떻게 쓰이는지 알아볼까?

인칭대명사

인칭대명사는 사람을 가리키는 대명사야. **I**나 | **you**너 | **he**그 | **she**그녀 등이 인칭대명사이지. 인칭대명사는 1인칭(나, 우리), 2인칭(너, 너희), 3인칭(나, 너, 우리, 너희를 뺀 나머지 사람들)이 있는데, 쓰이는 용도에 따라서 **주격 대명사, 소유격 대명사, 목적격 대명사, 누구의 것을 나타내는 소유 대명사** 등으로 나눌 수 있어. 그럼 하나하나 살펴볼까?

>>1. 주격 대명사

주격 대명사는 I나는 | you너는 | he그는 | she그녀는 | we우리는 | they그들은 같은 것들이야. 그런데 이것들을 보면 공통점이 있지? 그래, 모두 '은, 는' 이 붙었어. 앞에서 주어는 '~은, ~는, ~이, ~가' 란 말이 붙는다고 했는데, 주격 대명사는 문장에서 주어로 쓰이는 대명사야. 그래서 '~은, ~는, ~이, ~가' 란 말이 붙고, 문장의 맨 앞인 주어자리에 놓이지.

I am a student.나는 학생이다.
He is handsome.그는 잘생겼다.
They are friends.그들은 친구다.

>>2. 소유격 대명사

소유격 대명사는 '(누구누구)의' 라는 소유를 나타내는 것으로, 뒤에 붙은 명사를 설명하는 거야. my나의 | your너의 | his그의 | her그녀의 | our우리의 | their그들의 같은 것들이 소유격 대명사이지.

This is my umbrella.이것은 내 우산이다.
What's your name?네 이름이 뭐니?
Her cat is so cute.그녀의 고양이는 아주 귀여워.

>>3. 목적격 대명사

'나는 그녀를 사랑한다' 를 영어로 어떻게 말할까? I love she.라고 말한다고? 땡~! 틀렸어. '그녀를, 나를, 너를, 그들을' 처럼 '을, 를' 이 붙는 경우에는 목적어 역할을 하는 목적격 대명사를 써야 해. 그러니까 me나를 | you너를 | him그를 | her그녀를 | us우리를 | them그들을 같은 것들을 써야 한다고. 앞에서 주격 대명사는 문장의 맨 앞인 주어자리에 놓인다고 했는데, 목적격 대명사는 동사 다음에 놓여.

She likes me. 그녀는 나를 좋아한다.
I love him. 나는 그를 사랑한다.
We trust them. 우리는 그들을 믿는다.

* 목적격 대명사는 '~에게'의 뜻으로도 쓰여. **He sends me a flower every day.** 그는 나에게 매일 꽃 한 송이를 보낸다.

>>4. '(누구누구)의 것'이라는 소유 대명사

'그것은 나의 책이다.'를 영어로 하면? **It is my book.**이야. 그렇다면 여기에서 '나의 책' 대신 '나의 것'이라는 말을 넣어 '그것은 나의 것이다.'라고 표현할 경우에는 어떻게 할까? **my book** 대신 '나의 것'이란 뜻의 **mine**을 넣어 **It is mine.**이라고 하면 돼. 그러니까 여기에서의 **mine**은 〈소유격 **my** + 명사 **book**〉인데, 이런 것을 소유 대명사라고 해. 소유 대명사에는 **mine** 외에도 **yours** 네 것 | **his** 그의 것 | **hers** 그녀의 것 | **ours** 우리의 것 | **theirs** 그들의 것이 있어.

Whose bag is this? 이거 누구 가방이야?
It is yours. 그건 네 것이야.
It is his. 그건 그의 것이야.
It is theirs. 그건 그들의 것이야.

사람(또는 동물) 이름의 소유격·소유 대명사는 어떻게 나타내나요?
'나의'는 **my**, '나의 것'은 **mine**인 거 알지? 그렇다면 '바우의'나 '바우의 것'은 어떻게 말할까? 둘 다 바우란 이름 뒤에 **'s**만 붙여 주면 돼. 그리고 발음할 때는 [스]라고 하면 돼. **Bau's** [바우스].

영어에서는 개 짖는 소리를 어떻게 표현할까?

① moo-moo
② oink-oink
③ cock-a-doodle-do
④ bow-wow

우리나라 말에서는 개 짖는 소리를 '멍멍'이라고 표현하는데, 영어에서는 bow-wow라고 한다. ①의 moo-moo는 소의 울음 소리로 '음메 음메'에 해당된다. ②의 oink-oink는 돼지의 울음소리이며 ③의 cock-a-doodle-do는 닭 우는 소리이다. 　　　　　　　　　　　　　　　정답 ④

지시대명사

지시대명사는 '이것, 저것, 그것' 처럼 눈에 보이는 뭔가를 가리키는 대명사야. 지시대명사에는 **this, that, it** 등이 있어. **this**는 가까운 곳에 있는 사람이나 물건을 가리킬 때 쓰는데, 복수형은 **these**야. **that**은 먼 곳에 있는 사람이나 물건을 가리킬 때 쓰며, 복수형은 **those**야. 그리고 **it**은 앞에서 이미 말했던 것을 가리킬 때, 특히 질문에 대답할 때 많이 써. 지시대명사를 다시 한번 정리해 볼까?

>>1. 가까이 있는 것은 this(이것), 여럿일 경우에는 these(이것들)

This **is a monkey.** 이것은 원숭이야.
These **are flowers.** 이것들은 꽃들이야.

>>2. 멀리 있는 것은 that(저것), 여럿일 경우에는 those(저것들)

That **is my car.** 저건 내 자동차야.
Those **are pigs.** 저것들은 돼지들이야.

'저 자전거는 내 것이다.' 라고 말할 때 '저 자전거'는 뭐라고 하나요?

'저것은 내 자전거이다.'는 지시대명사인 **that**을 써서 **That is my bicycle.**이라고 해. 그렇다면 똑같은 뜻인 '저 자전거는 내 것이다.'는 어떻게 표현할까? 먼저 '내 것'은 소유 대명사로 **mine**이야. 앞에서 공부했으니까 알고 있겠지? 문제는 '저 자전거'를 뭐라고 하느냐인데, 이때는 지시대명사(**that**) 뒤에 명사(**bicycle**)를 써. 그러니까 **that bicycle**이 되는 거야.

➜ **That bicycle is mine.** 저 자전거는 내 것이다.

>>3. 앞에서 이미 말했던 것은 it(그것)

What is this? 이것은 뭐지?
➜ **It is a spider.** 그것은 거미야.

What is that? 저것은 뭐야?
➜ **It is a bat.** 그것은 박쥐야.

* 이처럼 **it**은 질문에 대답할 때 많이 쓰는데, 이때는 가까이 있는 것이든 멀리 있는 것이든 무조건 **it**을 써.

it은 '그것'이란 뜻의 지시대명사로만 쓰이나요?

it은 지시대명사로만 쓰이는 게 아니야. **날씨, 요일, 날짜, 시간, 거리** 등을 나타낼 때도 **it**이 주어로 쓰여. 그런데 이때의 **it**은 아무런 뜻이 없어. 그러니까 그냥 폼으로 주어자리를 차지하는데, 이런 **it**을 문법 용어로는 비인칭 주어라고 불러. 물론 비인칭 주어 **it**은 뜻이 없기 때문에 해석도 하지 않아.

It's cold. 춥다.(날씨)
It's Sunday. 일요일이다.(요일)
It's September 1. 9월 1일이다.(날짜)
It's five thirty. 5시 30분이다.(시간)
It's four kilometers. 4킬로미터이다.(거리)

부정대명사

부정대명사는 사람이든 사물이든 대상을 정확하게 정하지 않고 두루뭉실하게 가리키는 대명사야. 부정대명사에는 one, some, any, all, both, each 등 여러 가지가 있어. 하지만 여기에서는 one, some, any 정도만 공부해 보자고. 나머지는 나중에 공부하기로 하고 말이야.

>>1. one

부정대명사 one은 일반적인 사람을 나타내거나, 문장에서 앞에 나온 명사를 대신할 때 써. 아래의 경우처럼 말이야.

One should keep one's promise. 사람은 약속을 지켜야 한다.   * one's는 소유격

Do you have a pencil? 너 연필 가지고 있니?   Yes, I have one. 응, 가지고 있어.

* 여기에서 one은 앞 문장의 명사인 a pencil을 가리킨다.

>>2. some

부정대명사 some은 막연하게 어떤 사람을 가리키거나, 약간 또는 얼마간의 뜻으로 정해지지 않은 수량을 나타낼 때 써.

Some have many friends, some have few.
어떤 사람은 친구가 많고, 어떤 사람은 친구가 거의 없다.

Some of the novels are interesting.
그 소설 중 몇 권은 재미있다.

>>3. any

부정대명사 **any**는 **some**과 비슷한 뜻을 지니고 있어. 다만 **some**이 긍정문에 쓰이는데 비해 **any**는 의문문과 부정문에 쓰인다는 차이가 있지.

Do you want any of these books?
이 책들 중에 원하는 책이 있니?

I don't like any of these books.
나는 이 책들 중 어떤 것도 좋아하지 않아.

Check Point 대명사는 명사를 대신하는 말이다. 대명사에는 사람을 대신하는 **인칭대명사**, 뭔가를 가리키는 **지시대명사**, 대상을 정확하게 정하지 않고 두루뭉실하게 가리키는 **부정대명사** 등이 있다.

연습문제

1. 올바른 문장이 되도록 ( ) 안에서 알맞은 것을 골라보자.

   ① (Her, She) is (you, your, yours) teacher. 그 여자는 너의 선생님이다.
   ② (He, His, Him) is (their, them, they) cousin. 그는 그들의 사촌이다.
   ③ (Me, I, My) mom likes (me, my, mine). 나의 엄마는 나를 좋아한다.
   ④ (They, This, It) is (us, our, ours). 그것은 우리의 것이다.

2. 보기에서 알맞은 대명사를 골라 ( ) 안에 넣어보자.

   보기   this   that   these   those

   ① (   ) is my room and (   ) is yours. 이건 내 방이고, 저건 네 방이야.
   ② What are (   )? 이것들은 뭡니까?
   ③ (   ) are your grandparents. 저 분들이 네 조부모님이란다.
   ④ (   ) pictures are hers. 이 사진들은 그녀의 것이야.

3. some, any, one 중 ( ) 안에 알맞은 것을 골라보자.

   ① (   ) must do one's best. 사람은 최선을 다해야 한다.
   ② Do you have a comic book? Yes, I have (   ).
      너 만화책 가지고 있니? 응 가지고 있어.
   ③ (   ) say "yes" and (   ) say "no."
      어떤 사람은 찬성하고, 어떤 사람은 반대한다.(찬성하는 사람이 있는가 하면 반대하는 사람도 있다.)
   ④ I don't know (   ) of them. 나는 그들 중 어떤 사람도(아무도) 모른다.

정답은 다음 장에 ➡

〈인칭대명사의 격 변화〉

격 인칭	주격 (~은, 는, 이, 가)	소유격 (~의)	목적격 (~을, 를, 에게)	소유격 (~의 것)	주격 (~은, 는, 이, 가)	소유격 (~의)	목적격 (~을, 를, 에게)	소유격 (~의 것)
1인칭	I	my	me	mine	we	our	us	ours
2인칭	you	your	you	yours	you	your	you	yours
3인칭	he	his	him	his	they	their	them	theirs
	she	her	her	hers				
	it	its	it	-				

연습문제

정답 1. ① She, your ② He, their ③ My, me ④ It, ours 2. ① This, that ② these ③ Those *grandparents(할아버지와 할머니, 즉 조부모)가 복수이므로 that(저것, 저 사람)의 복수형인 those를 쓴다. ④ These *〈지시대명사 + 명사〉일 경우 명사가 복수이면 앞의 지시대명사도 복수이다. pictures(사진들)가 복수이므로 this(이것)의 복수형인 these를 쓴다. 3. ① One *일반적인 사람을 나타낸다. ② one *앞 문장의 명사인 a comic book(한 권의 만화책)을 가리킨다. ③ Some, some *둘 다 막연하게 어떤 사람을 가리킨다. ④ any *의문문이나 부정문에 쓰인다.

PART 3 각각의 품사와 그 쓰임에 대해 알아보자

움직임을 나타내는 말
동사

동사 VERB

앞에서 동사에 대해 몇 차례 설명했으니까 이제 여러분은 대충이라도 동사가 뭔지 감을 잡았을 거야. 동사는 매우 중요한 거니까 잘 알아둬. 동사만 제대로 알아도 영어짱이란 말을 들을 수 있거든.

동사란 '자다, 먹다, 놀다, 공부하다' 처럼 움직임을 나타내는 말이야. 그런데 동사는 크게 두 가지로 나눌 수 있어. 일반적인 움직임을 나타내는 일반동사와 '~이다, ~있다, 어떠하다'의 뜻으로 쓰이는 **be**동사로 말이야. **be**동사는 모든 동사의 기본이 되는 거야. 먼저 **be**동사부터 알아보기로 해.

be동사

be동사는 모양이 일정하지 않아. 주어에 따라서 **am, are, is** 이렇게 모양이 변해. 게다가 문장에 따라서 뜻도 달라져. 그래서 정신을 똑바로 차리고 공부해야만 해. 그렇지 않으면 be동사를 영원히 알 수 없게 돼. be동사를 모르고서 영어를 공부한다는 건 말도 안 되는 소리야. 자, 그럼 우리 모두 정신 똑바로 차리고 be동사를 하나하나 공부해 볼까?

>>1. be동사의 뜻

앞에서 잠깐 말했지만 be동사는 '~이다, ~있다, 어떠하다' 이렇게 세 가지 뜻으로 쓰여. 그렇다면 문장 안에 있는 하나의 be동사를 어떻게 해석해야 할까? 한꺼번에 세 가지 뜻으로 해석해야 하나? 물론 그렇지 않아. be동사가 어떤 뜻으로 해석이 되느냐 하는 것은 문장에 따라서 결정이 돼. 잠깐! 바우가 영어로 자기소개를 한다니까 한번 들어볼까?

I am Bau. 나는 바우다. (~이다)
I am in Korea. 나는 한국에 있다. (~있다)
I am happy. 나는 행복하다. (어떠하다)

위 문장에서 알 수 있듯 be동사(am)가 '~이다'의 뜻일 경우에는 be동사 뒤에 대개 명사가 나와. 그리고 '~있다'의 뜻일 경우에는 be동사 다음에 장소를 나타내는 말이 오지. 또 be동사가 '어떠하다'의 뜻으로 쓰이면 be동사 다음에 형용사가 와. 뒤에 가서 배우겠지만 형용사는 사람이나 사물의 성질이나 모양, 상태 등을 나타내는 말이야.

>> 2. be동사의 종류와 쓰임

be동사에는 무엇 무엇 무엇이 있지? **am, are, is**가 있다고? 그래, 맞았어. **am, are, is**를 통틀어서 **be동사**라고 하는 거야. 그런데 이 중에서 **am**은 주어 **I**하고만 어울려. 다른 주어와는 상대도 안 해. 그래서 헷갈릴 일이 없지. 문제는 **are**와 **is**야. **are**는 주어가 **you**일 경우, 그리고 주어가 여럿을 나타내는 복수일 경우(**we, they**)에 써. **is**는 어떤 경우에 쓰냐고? **is**는 주어가 나와 너가 아닌 한 명, 그러니까 3인칭 단수(**he, she, it** 등)일 경우에 사용해.

I am busy. 나는 바빠.
You are my friend. 너는 내 친구야.
We are Korean. 우리는 한국인이야.
He is kind. 그는 친절해.
She is a doctor. 그녀는 의사야.
It is your computer. 그건 네 컴퓨터야.
They are my parents. 그분들은 제 부모님이에요.

1인칭	I	am
	we	are
2인칭	you	are
3인칭	he	is
	she	
	it	
	they	are

〈주어 + be동사〉를 줄여서 쓰는 특별한 이유가 있나요?

예를 들어 I am을 I'm으로 줄여서 쓰기도 하는데, 그 이유는 편리하기 때문이야. 길면 쓰기나 읽기에 불편하잖아. 나머지 〈주어 + be동사〉는 다음과 같이 줄여서 써.

You are → You're   He is → He's   She is → She's
We are → We're   They are → They're   It is → It's

>> 3. be동사의 부정문

부정문이 뭔지 알지? 부정문은 '~이 아니다, ~하지 않는다' 같은 문장을 말해. 그러니까 '~이다, ~한다' 같은 긍정문에 반대되는 문장이지. 그렇다면 be동사의 부정문은 어떻게 만들까? 간단해. 아래처럼 be동사 다음에 **not**만 붙이면 되니까.

I am not a puppy. 난 강아지가 아니야.
You are not stupid. 넌 멍청하지 않아.
He is not home. 그는 집에 없어.
They are not my friends. 그들은 내 친구들이 아니야.

>>4. be동사의 의문문

be동사의 부정문 만드는 법을 잘 알겠지? 그렇다면 이번에는 be동사의 의문문 만드는 법을 알아볼까? 알아보고 할 것도 없어. 이것도 아주 간단해. **주어와 be동사의 위치를 바꿔** 주기만 하면 되거든. 물론 의문문이니까 문장 끝에 물음표(?)를 달아야겠지.

아, 그리고 내친 김에 be동사의 의문문에 대답하는 법도 알아볼까? 이것 역시 어렵지 않아. 긍정이면 〈Yes, 주어 + be동사〉이고, 부정이면 〈No, 주어 + be동사 + not〉이니까 말이야. 아래의 예문을 보고 be동사의 의문문 만드는 법과 이에 대답하는 법을 확실하게 익혀 둬.

You are an actor. 당신은 배우예요. [평서문]
→ **Are you an actor?** 당신은 배우죠? [의문문]
→ **Yes, I am.** 응, 나는 배우야. [긍정 대답]
→ **No, I am not.** 아니, 난 배우가 아니야. [부정 대답]
   * am과 am not 다음에 an actor가 생략됐다.

She is smart. 그녀는 똑똑해. [평서문]
→ **Is she smart?** 그녀는 똑똑하니? [의문문]
→ **Yes, she is.** 응, 그래. [긍정 대답]
→ **No, she is not.** 아니, 그렇지 않아. [부정 대답]
   * is와 is not 다음에 smart가 생략됐다.
   * is not은 isn't로, are not은 aren't로 줄여서 쓸 수 있다.

일반동사

일반동사란 갖가지 움직임을 나타내는 말이야. '먹다, 자다, 놀다' 처럼 몸을 직접 움직이는 것은 물론이고, '좋아하다, 생각하다' 처럼 눈에 보이지 않는 것까지 우리가 하는 모든 행동을 일반동사라고 해. 넓은 의미에서 be동사를 뺀 나머지 동사는 모두 일반동사라고 할 수 있어.

>>1. 일반동사의 변화

앞에서 be동사는 주어에 따라서 am, are, is로 변한다고 했지? 일반동사도 변해. 하지만 be동사가 몸통이 변하는 데 비해 일반동사는 그 꼬리에 -s나 -es가 붙어. 그러니까 동사의 꼬리가 살짝 변하는 거지. 그런데 아무 때나 변하는 게 아니야. 주어가 3인칭 단수(he, she, it)이고 시제가 현재일 때만 꼬리에 -s나 -es가 붙어. 그럼 -s는 어떤 경우에 붙고, -es는 또 어떤 경우에 붙는지 알아볼까?

1) -s가 붙는 경우 주어가 3인칭 단수이고 시제가 현재일 때 대부분의 동사들은 꼬리에 -s가 붙어.

He reads** a comic book.**그는 만화책을 읽는다.

Bau likes** Yeppy.**바우는 예삐를 좋아한다.
* 바우(Bau)가 왜 3인칭 단수인지 알지? Bau는 he로 바꿀 수 있잖아.

Our dog runs** fast.**우리 개는 빨리 달린다.
* 이 문장에서 Our(우리의)가 나오니까 자칫 1인칭이라고 착각할 수 있어. 하지만 주어는 Our가 아니라 Our dog이고, 이것은 '우리' 가 아니라 '우리 개' 라서 3인칭이야. 3인칭은 '나(1인칭)' 와 '너(2인칭)' 를 뺀 모든 사람이나 사물을 가리킨다는 것쯤은 알고 있지?

73

2) -es가 붙는 경우 주어가 3인칭 단수이고 시제가 현재일 때,

(1) 동사가 **s, sh, ch, o**로 끝나면 그 뒤에 **-es**가 붙는다.

She washes **her hands.** 그녀는 손을 씻는다.

Lulu watches **TV every day.** 루루는 매일 TV를 본다.

Daniel goes **to bed early** 다니엘은 일찍 잠자리에 든다.

(2) 동사가 〈자음 + **y**〉로 끝나면 **y**가 **i**로 바뀌면서 그 뒤에 **-es**가 붙는다.

He always carries **a camera.**
그는 항상 카메라를 가지고 다닌다.

Bau studies **English very hard.**
바우는 영어를 매우 열심히 공부한다.

have동사는 어떻게 변하나요?

주어가 3인칭 단수이고 현재일 경우 have(가지고 있다)는 어떻게 변할까?
① 변하지 않는다
② has로 변한다
③ haves로 변한다.
답은 ② has로 변한다. **He has a cell phone.** 그는 휴대폰을 가지고 있다.
　　　　　　　　　　　　　→ have의 3인칭 단수형

>> 2. 일반동사의 부정문

be동사의 부정문은 be동사 다음에 not만 붙이면 된다고 했지? 기억 안 난다고? 그럼 〈be동사〉편으로 돌아가서 다시 읽어봐. be동사는 그 다음에 not만 붙이면 부정문이 되지만, 일반동사의 경우는 그 앞에 do not을 붙여야 돼. 아래의 문장처럼 말이야.

I do not like you. 나는 너를 좋아하지 않아.

그런데 주어가 3인칭 단수(he, she, it)인 경우에는 does not(doesn't)을 붙여. 그리고는 동사의 3인칭 단수 현재형을 원형으로 고치지.

She brushes her teeth. 그 여자는 이를 닦는다.

→ She does not brush her teeth.
  그 여자는 이를 닦지 않는다. → 동사원형 : 동사의 원래 형태

* do not과 does not을 각각 줄여서 don't, doesn't로 쓰는 경우가 많다.

>> 3. 일반동사의 의문문

일반동사의 의문문은 〈Do/Does + 주어 + 동사원형~?〉의 꼴로 만들어. You hate him.(너는 그를 싫어한다.)이라는 문장이 있다고 해. 이 문장을 의문문으로 만들려면 어떻게 할까? 간단해. do를 문장 맨 앞에 놓고 문장 끝에 물음표(?)만 붙이면 돼.

→ Do you hate him? 너는 그를 싫어하니?

그런데 주어가 3인칭 단수이면 문장 맨 앞에 do가 아니라 does를 써. 그리고 동사를 원형으로 바꾸지.

75

He knows her.그는 그녀를 안다.

→ **Does he know her?**그는 그녀를 아니?
  (know → 동사원형)

Bau has a girlfriend.바우는 여자 친구가 있다.

→ **Does Bau have a girlfriend?**바우는 여자 친구가 있어?

일반동사의 의문문에 대한 대답은 어떻게 하나요?

일반동사의 의문문에 대답하는 법은 아주 쉬워. Do로 물어봤을 때 '응'이라 대답하려면 do로 대답하고, '아니'라면 don't를 써서 대답해. Does도 마찬가지야.

Do you like milk?너 우유 좋아하니?
→ **Yes, I do.**응, 좋아해. / **No, I don't.**아니, 안 좋아해.

Does she live in Seoul?그녀는 한국에서 살아?
→**Yes, she does.**응, 그래. / **No, she doesn't.**아니, 그렇지 않아.

Check Point

be동사(am, are, is)는 '~이다, ~있다, 어떠하다' 이렇게 세 가지 뜻으로 쓰인다. be동사의 부정문은 be동사 다음에 not을 붙여서 만들고 be동사의 의문문은 주어와 be동사의 위치를 바꿔서 만든다. 주어가 3인칭 단수(he, she, it)이고 시제가 현재일 때 일반동사는 그 끝에 -s나 -es가 붙는다. 일반동사의 부정문은 동사 앞에 don't나 doesn't를 붙인다. 그리고 일반동사의 의문문은 〈Do/Does + 주어 + 동사원형~?〉의 꼴로 만든다.

연습문제

1. 보기에서 알맞은 낱말을 골라 ( ) 안에 넣어보자.

   보기   is   aren't   are   isn't

   ① Cindy ( ) an American girl. 신디는 미국 소녀야.
   ② It ( ) his desk. 그것은 그의 책상이 아니야.
   ③ He ( ) tall. 그는 키가 크다.
   ④ They ( ) baseball players. 그들은 야구선수들이다.
   ⑤ We ( ) children. 우리는 어린애들이 아니에요.

2. ( ) 안에 알맞은 낱말을 넣어 문장을 완성해 보자.

   ① ( ) you angry? 너 화났니?
      Yes, I ( ). 응, 그래.   No, I ( ) ( ). 아니, 아니야.
   ② ( ) he your classmate? 그 애는 너네 반 애니?
      Yes, he ( ). 응, 그래.   No, he ( ) ( ). 아니, 아니야.
   ③ ( ) they your friends? 걔들 네 친구들이야?
      Yes, they ( ). 응, 그래.   No, they ( ) ( ). 아니, 아니야.

3. ( ) 안의 동사를 알맞은 꼴로 바꾸어 넣어보자.

   ① My sister _____ to school. (walk) 우리 언니는 학교에 걸어 다닌다.
   ② He _____ to school at 7 o'clock. (go) 그는 7시에 학교에 간다.
   ③ Bau _____ his bike in the park. (ride) 바우는 공원에서 자전거를 탄다.
   ④ Lulu _____ television. (watch) 루루는 텔레비전을 본다.

4. 다음 문장을 지시대로 바꾸어 써보자.

① **I like oranges.** (부정문으로) 나는 오렌지를 좋아한다.
　　I _____ _____ like oranges. 나는 오렌지를 좋아하지 않는다.

② **Eric goes to this school.** (부정문으로) 에릭은 이 학교에 다닌다.
　　Eric _____ _____ _____ to this school. 에릭은 이 학교에 안 다닌다.

③ **She teaches English.** (의문문으로) 그녀는 영어를 가르친다.
　　_____ she _____ English? 그녀는 영어를 가르치니?

④ **He has an MP3 Player.** (의문문으로) 그는 MP3 플레이어를 가지고 있다.
　　_____ he _____ an MP3 Player? 그는 MP3 플레이어를 가지고 있니?

⑤ **Do you live in Busan?** 너는 부산에 사니?
　　Yes, _____ _____ . (긍정 대답으로) 응, 맞아.
　　No, _____ _____ . (부정 대답으로) 아니, 아니야.

정답 1. ① is *Cindy는 3인칭 ② isn't ③ is ④ are ⑤ aren't 2. ① Are, am, am, not ② Is, is, is, not ③ Are, are, are, not 3. ① walks *My sister는 3인칭 단수 ② goes *3인칭 단수, 현재일 때 동사가 s, sh, ch, o로 끝나면 그 뒤에 -es가 붙는다 ③ rides ④ watches 4. ① do, not ② does, not, go *앞에 does가 있으므로 goes의 원형인 go를 쓴다. ③ Does, teach *teaches의 원형 ④ Does, have *has의 원형 ⑤ I, do / I, don't

레스토랑(Restaurant)에서

PART 3 각각의 품사와 그 쓰임에 대해 알아보자

명사를 꾸며 주는 말
형용사

Adjective

형용사 ADJECTIVE

🐱 여러분, 안녕! 나 루루야. 루루 알지? 여기 〈형용사〉편은 내가 할 거야. 투티가 감기에 걸렸다며 나한테 하라고 했어. 그동안 쉬지 않고 해설을 하느라 피로가 쌓여 감기에 걸렸나 봐. 투티한테는 미안하지만 솔직히 나한테는 잘된 일이야. 내 영어 실력을 마음껏 발휘할 기회가 주어졌으니까.

아무튼 지금부터 형용사에 대해 설명할게. **형용사란 명사를 꾸며 주는 말이야.** 그러니까 '예쁜 소녀, 친절한 아이, 멍청한 강아지, 파란 하늘……' 이런 말들에서 명사인 '소녀, 아이, 강아지, 하늘'을 꾸며 주는 '예쁜, 친절한,

'멍청한, 파란' 이 형용사이지.

그런데 형용사는 '예쁜 소녀' 처럼 명사를 직접 꾸며 주기도 하지만, **명사가 '어떠하다' 라고 설명해 주는 역할도 해.** 그럼 형용사에는 어떤 것들이 있으며, 명사는 어떻게 꾸미고 설명해 주는지 하나하나 알아볼까?

형용사의 종류

형용사는 크게 두 가지야. 사람이나 사물의 생김새, 성질, 상태 등을 나타내는 형용사가 있고, 수와 양을 나타내는 형용사가 있어.

>>1. 생김새, 성질, 상태를 나타내는 형용사

우리가 보통 형용사라고 하는 것들이 여기에 해당돼. **a pretty girl** 예쁜 소녀 | **a beautiful cat** 아름다운 고양이 | **an ugly dog** 못생긴 개 | **red books** 빨간 책들 | **good friends** 좋은 친구들

>>2. 수와 양을 나타내는 형용사

사람이나 사물의 많고 적음을 나타내는 형용사로, 여기에는 **many** 많은 | **much** 많은 | **few** 거의 없는 | **a few** 약간 | **little** 거의 없는 | **a little** 약간 등이 있어. 그런데 영어에서는 수를 나타내는 형용사와 양을 나타내는 형용사를 구분해서 써. 그래서 뜻은 같아도 쓰이는 경우가 다르지.

1) 수를 나타내는 형용사   many, a few, few가 여기에 해당돼. 그런데 당연한 얘기이지만 수를 나타내는 형용사는 셀 수 있는 명사와 어울려.

I have { many / a few / few } friends.
(셀 수 있는 명사)

나는 친구가 많이 있다.
나는 친구가 약간 있다.
나는 친구가 거의 없다.

2) 양을 나타내는 형용사   much, a little, little이 여기에 해당돼. 아래의 문장에서처럼 양을 나타내는 형용사는 셀 수 없는 명사와 어울려.

I have { much / a little / little } water.
(셀 수 없는 명사)

나는 물이 많이 있다.
나는 물이 약간 있다.
나는 물이 거의 없다.

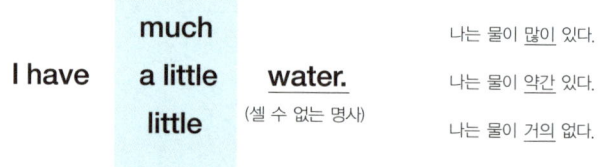

a lot of(많은)와 **some**(약간)은 어떤 명사와 어울리나요?

a lot of와 some도 수와 양을 나타내는 형용사인데 이 둘은 셀 수 있는 명사와 셀 수 없는 명사, 양쪽 모두에 쓸 수 있어.

형용사의 쓰임

형용사는 두 가지로 쓰여. 명사 바로 앞에 와서 명사를 직접 꾸며 주기도 하고, be동사(am, are, is) 뒤에 와서 서술어처럼 주어인 명사가 '어떠하다' 라고 설명해 주는 데 쓰이지.

>>1. 명사 바로 앞에서 명사를 꾸며 주는 경우

이때는 '재미있는, 정직한' 처럼 주로 '~한' 으로 해석돼.

It is a funny story. 그것은 재미있는 이야기이다.
He is an honest boy. 그는 정직한 소년이다.

>>2. be동사(am, are, is) 뒤에서 주어인 명사를 설명해 주는 경우

이때는 '귀엽다, 못생겼다' 처럼 '~(하)다' 로 해석돼.

Lulu is cute. 루루는 귀엽다.
Bau is ugly. 바우는 못생겼다.

Check Point 형용사가 명사 바로 앞에서 명사를 꾸며 주는 경우에는 '~한' 으로 해석된다. 그리고 be동사(am, are, is) 뒤에서 주어인 명사를 설명해 주는 경우에는 '~(하)다' 로 해석된다.

연습문제

1. 보기에서 알맞은 낱말을 골라 빈칸에 써 넣어 문장을 완성해 보자.

> **보기**
> angry 화가 난   smart 똑똑한   new 새로운
> delicious 맛있는   sad 슬픈   interesting 재미있는

① I am _____ . 나는 슬프다.

② My mom is _____ . 엄마는 화가 나셨다.

③ This book is _____ . 이 책은 재미있다.

④ He is a _____ boy. 그는 똑똑한 소년이다.

⑤ This is a _____ cake. 이것은 맛있는 케이크이다.

⑥ His computer is _____ . 그의 컴퓨터는 새 것이다.

2. ( ) 안에서 알맞은 것에 동그라미를 쳐보자.

① I have (many, much) books. 나는 책이 많다.

② He drinks (many, much) water. 그는 물을 많이 마신다.

③ There are (a few, a little) pencils on the desk. 책상 위에 약간의 연필이 있다.

④ There is (few, little) milk in the bottle. 병에 우유가 거의 없다.

⑤ She has (some, a little) friends in America. 그녀는 미국에 약간의 친구들이 있다.

정답 1. ① sad ② angry ③ interesting ④ smart ⑤ delicious ⑥ new   2. ① many *book(책)은 셀 수 있는 명사 ② much *water(물)는 셀 수 없는 명사 ③ a few *pencil(연필)은 셀 수 있는 명사 ④ little *milk(우유)는 셀 수 없는 명사 ⑤ some *some은 셀 수 있는 명사와 셀 수 없는 명사, 양쪽 모두에 쓸 수 있지만 a little은 셀 수 없는 명사에만 쓸 수 있다. friend(친구)는 셀 수 있는 명사이다.

왜 오스트레일리아와 뉴질랜드에서는 영어를 쓸까?

① 국민들이 모두 영어에 소질이 있어서
② 영국의 식민지였으므로
③ 영어를 못하면 원시인 취급을 받기 때문에
④ 오랫동안 미국의 지배를 받았으므로

오스트레일리아와 뉴질랜드는 영국의 식민지였다. 지금도 공식적으로는 영국의 왕인 엘리자베스 2세가 두 나라의 국왕인데, 식민지 때부터 영국 사람들이 대거 이주하여 살면서 자연스레 영어가 국어인 나라가 되었다.

정답 ②

PART 3 각각의 품사와 그 쓰임에 대해 알아보자

> 부사
>
> # 문장을 생생하게 돋보이도록 꾸며 주는 말
>
> Adverb

부사 ADVERB

안녕, 안녕! 나 투티야. 루루가 〈형용사〉편을 맡아서 해설하는 동안 침대에 누운 채 뒹굴뒹굴 만화책 보면서 쉬니까 되게 좋던데. 감기 다 나았냐고? 웬 감기? 사실 감기 걸렸다는 말은 거짓이었어. 쉬고 싶어서 루루한테 그렇게 둘러댔던 거야. 여러분도 공부하는 틈틈이 쉬도록 해. 줄곧 공부만 하는 건 건강에도 좋지 않다고.

그나저나 여기는 부사를 해설하는 자리이지? 부사가 뭘까? 사과의 한 종류라고? 미안하지만 틀렸어. 여기에서 부사란 **문장을 더욱 생생하게**

돋보이도록 꾸며 주는 말을 뜻해. 그럼 구체적으로 무엇을, 어떻게 꾸며 주는지 알아볼까?

부사의 쓰임

형용사는 명사를 꾸며 준다는 것 기억하지? 부사는 형용사는 물론이고 동사, 다른 부사, 심지어 문장 전체를 꾸며 줘. 그러니까 부사는 인심 좋은 품사라고 할 수 있지. 어떻게 꾸며 주는지 살펴볼까?

>>1. 형용사를 꾸며 주는 경우

이때는 형용사 앞에 와서 꾸며 줘.

We are very **happy.** 우리는 매우 행복하다.

>>2. 동사를 꾸며 주는 경우

이때는 동사 뒤에 와서 꾸며 줘.

Snails move slowly. 달팽이는 느리게 움직인다.

>>3. 다른 부사를 꾸며 주는 경우

이때는 다른 부사 앞에 와서 꾸며 줘.

She runs so **fast.** 그녀는 매우 빨리 달린다.

>>4. 문장 전체를 꾸며 주는 경우

이때는 문장 앞에 와서 꾸며 줘.

Fortunately, **I won the game.** 운좋게도 나는 게임에서 이겼다.

부사의 형태

부사는 대부분 형용사 끝에 **-ly**를 붙인 꼴이야. 가령 **wonderful**은 '훌륭한'이란 형용사인데, 끝에 **-ly**를 붙여 **wonderfully**라고 하면 '훌륭하게'라는 부사가 돼. 말하자면 '~한, ~(하)다'로 해석되는 형용사에 **-ly**가 붙어 '~하게'라는 뜻의 부사가 되는 거야. 그런데 형용사가 **y**로 끝나는 것은 **y**를 **i**로 고치고 **ly**를 붙여.

slow 느린 → **slowly** 느리게   **beautiful** 아름다운 → **beautifully** 아름답게
happy 행복한 → **happily** 행복하게   **easy** 쉬운 → **easily** 쉽게

주의해야 할 부사들

부사 중에는 모양이 형용사와 같은 것들이 있어. 바로 **hard** 열심히 | **fast** 빨리 | **late** 늦게 | **early** 일찍 | **long** 오래 | **near** 가까이 | **high** 높이 같은 것들이지. 그렇다면 이런 낱말들이 형용사인지 부사인지 어떻게 알 수 있을까? 간단해. 문장에서 무엇을 꾸미고 있는지 잘 살피면 형용사인지 부사인지 금방 알 수가 있어. 그러니까 명사 앞에서 명사를 꾸미거나 **be**동사(**am, are, is**) 뒤에서 주어인 명사를 설명해 주면 형용사이고, 동사나 형용사 또는 문장 전체를 꾸며 주면 부사야. 어때, 간단하지?

It is a hard work. 그것은 힘든 일이다.
* hard는 명사인 work를 꾸며 주므로 형용사다.

He works hard. 그는 열심히 일한다.
* hard는 동사인 works를 꾸며 주므로 부사다.

형용사와 같은 모양의 부사에 **-ly**가 붙어 전혀 다른 뜻의 부사가 되는 것도 있어. 예를 들어 **late**는 형용사와 같은 모양의 부사로 '늦게' 라는 뜻이야. 그런데 여기에 **-ly**가 붙어서 **lately**가 되면 '최근에' 라는 전혀 다른 뜻이 돼.

He came late. 그는 늦게 왔다.
He came lately. 그는 최근에 왔다.

빈도부사가 뭐예요?

빈도부사란 얼마나 자주 하느냐는 횟수의 정도를 나타내는 부사를 말해. **always**항상, **usually**대개, **often**자주, **sometimes**가끔, **never**절대로 ~하지 않는다 같은 것들이 빈도부사이지.

I always wash my hands. 나는 항상 손을 씻는다.
Bau sometimes studies. 바우는 가끔 공부한다.

Check Point 부사는 동사, 형용사, 다른 부사 또는 문장 전체를 꾸며 준다.
부사는 대부분 형용사 끝에 **-ly**를 붙인 꼴이다.

연습문제

1. ( ) 안에서 알맞은 것에 동그라미를 쳐보자.

   ① Bau barks (noisy, noisily). 바우는 시끄럽게 짖는다.
   ② The football game was (much, very) exciting. 그 축구 경기는 매우 재미있었다.
   ③ Cheetahs run (so, well) fast. 치타는 정말 빨리 달린다.
   ④ (Lucky, Luckily) he was at home. 다행히도 그는 집에 있었다.
   ⑤ The bus arrived five minutes (late, lately). 버스는 5분 늦게 도착했다.

2. 보기에서 알맞은 낱말을 골라 빈칸에 써 넣어보자.

   보기   always 항상   usually 대개, 보통   often 자주
   sometimes 가끔   never 절대로 ~하지 않는다

   ① I _____ wash my feet. 나는 자주 발을 씻는다.
   ② Susan is _____ late. 수잔은 항상 늦는다.
   ③ We _____ play computer games. 우리는 가끔 컴퓨터 게임을 한다.
   ④ I _____ walk to school. 나는 보통 걸어서 학교에 간다.
   ⑤ The dog _____ barks. 그 개는 절대로 짖지 않는다.

정답 1. ① noisily *동사인 barks를 꾸며 준다. ② very *형용사인 exciting을 꾸며 준다. ③ so *부사인 fast를 꾸며 준다. ④ Luckily *문장 전체를 꾸며 준다. ⑤ late *lately는 '최근에'란 뜻
2. ① often ② always ③ sometimes ④ usually ⑤ never

PART 3 각각의 품사와 그 쓰임에 대해 알아보자

명사 앞에 놓이는 말 _전치사_

Preposition

전치사 PREPOSITION

전치사가 뭘까? 잘 모르겠다고? 전치사란 '앞에 놓이는 말'로 반드시 어디 앞에 위치하기 때문에 붙여진 이름이야. 대체 어디 앞이냐고? 바로 명사 앞이야. 전치사는 특히 시간이나 장소 등을 나타내는 명사 앞에 놓여.

전치사는 혼자서는 제 구실을 하지 못해. 하지만 명사를 만나면 아주 다양한 뜻을 가질 수 있어. 그럼 전치사에는 어떤 것들이 있고, 각각 어떻게 쓰이는지 알아볼까?

시간전치사

시간전치사란 뭘까? 뭐긴 뭐야, 시간을 나타내는 전치사지. 어떤 것들이 시간전치사냐고? **at, on, in**이 시간전치사야. 그런데 이것들은 뒤에 어떤 종류의 시간이 오느냐에 따라서 각각 다르게 쓰여.

>>1. 특정한 시간은 at

at은 '몇 시, 몇 분' 처럼 **특정한 시간**을 나타낼 때 쓰여. 예를 들어 '8시에'라고 하려면 **at eight**, '8시 10분에'는 **at eight ten**이라고 해. 그런데 '8시 정각에'라고 말할 때는 어떻게 할까? 이때는 **o'clock**을 붙여서 **at eight o'clock**이라고 해.

See you at six o'clock. 6시 정각에 보자.
I get up at seven. 나는 7시에 일어난다.
We usually have lunch at twelve thirty.
우리는 보통 12시 30분에 점심을 먹는다.

>>2. 특정한 날은 on

on은 **at**보다 비교적 긴 시간으로 **on July 12** 7월 12일에 | **on Sunday** 일요일에 처럼 특정한 날이나 요일을 나타낼 때 쓰여.

See you on Monday. 월요일에 보자.
I was born on June 5th. 나는 6월 5일에 태어났다.
He was absent from school on Valentine's Day.
그는 발렌타인데이에 결석했다.

>>3. 긴 시간 앞에는 in

in은 **at**이나 **on**보다 긴 시간으로 하루가 아니라 '몇 월, 몇 년, 계절' 등을 나타낼 때 써. 예를 들어서 '여름에, 3월에, 2005년에' 라는 말을 할 때는 그 앞에 **in**을 써야 돼. 그런데 '아침에, 오후에, 저녁에' 같은 말도 **in**을 써서 각각 <u>in</u> the morning, <u>in</u> the afternoon, <u>in</u> the evening이라고 표현해.

See you in summer. 여름에 보자.
School begins in March. 학교는 3월에 시작한다.
Columbus discovered America in 1492. 콜럼버스는 1492년에 아메리카를 발견했다.
I played baseball in the afternoon. 나는 오후에 야구를 했다.

* in the afternoon, in the morning, in the evening에는 모두 the를 쓴다. 관용표현이므로 한 단어처럼 통째로 외워야 한다.

'~ 전에', '~ 후에'는 어떤 전치사를 써서 표현하나요?

'저녁 먹기 전에' 또는 '점심 먹은 후에'도 분명히 시간을 나타내는 건데, 이런 말은 어떤 전치사를 써서 표현할까? 이때도 at, on, in 같은 것을 쓸까? 그렇지 않아. '~ 전에'라는 말을 할 때는 **before**를 쓰고, '~ 후에'라는 말을 할 때는 **after**를 써. before dinner(저녁 먹기 전에), after lunch(점심 먹은 후에), 이렇게 말이야. 그러니까 before나 after 뒤에 '때'를 써 주는 것이지.
She came home <u>before</u> six. 그녀는 6시 전에 집에 왔다.
Let's go to the movies <u>after</u> school. 학교 끝나고 영화 보러 가자.

장소전치사

장소전치사란 말 그대로 장소를 나타내는 전치사야.

여기에는 at, in, above, over, on, below, under 등이 있어. at, in, on은 시간전치사 아니냐고? 맞아. 시간전치사이지만 장소전치사이기도 해. 그렇다면 어떻게 구분하냐고? 간단해. 그 뒤에 장소가 오면 장소전치사이고, 시간이 오면 시간전치사야. 엄청 쉽지? 자, 그럼 장소전치사들에 대해 자세히 알아볼까?

>>1. 좁은 장소 앞에는 at, 넓은 장소 앞에는 in

at은 마을, 역, 호텔, 은행 같은 비교적 좁은 장소 앞에 써. 반면에 in은 나라, 도시 같은 비교적 넓은 장소 앞에 쓰는 전치사야.

His father works at a bank. 그의 아버지는 은행에서 일한다.
Bau was born in Korea. 바우는 한국에서 태어났다.

>>2. 위는 on, over, above

on은 '위에' 라는 뜻으로 표면에 붙어 있는 상태에서의 위를 말할 때 써. 그리고 over는 '~ 바로 위에' 라는 뜻으로 표면에서 조금 떨어진 위를 말할 때 쓰고, above는 '~의 위쪽에' 라는 뜻으로 over보다 더 위쪽을 나타낼 때 쓰지.

Lulu is on the chair. 루루가 의자 위에 있다.
A fly is flying over his head. 파리가 그의 머리 위에서 날아다니고 있다.
The moon rose above the hill. 달이 언덕 위에 떠올랐다.

>>3. 아래는 under, below

under는 '~ 바로 아래에'라는 뜻으로 표면에서 조금 떨어진 밑을 말할 때 써. 그리고 **below**는 '~의 아래쪽에'라는 뜻으로 **under**보다 더 아래쪽을 말할 때 쓰지.

Bau is under the chair. 바우가 의자 밑에 있다.
The sun sets below the horizon. 지평선 아래로 해가 진다.

'안에, 앞에, 옆에, 뒤에'는 어떤 전치사를 써서 표현하나요?

'~ 안에' 있다는 걸 나타낼 때는 전치사 in을 써. 그리고 '~의 앞에'는 in front of, '~ 옆에'는 next to, '~ 뒤에'는 behind를 쓰지.
A mouse is <u>in</u> the box. 생쥐 한 마리가 상자 안에 있다.
Lulu sits <u>in front of</u> the box. 루루가 상자 앞에 앉는다.
Bau sits <u>next to</u> Lulu. 바우가 루루 옆에 앉는다.
Tuti sits <u>behind</u> Bau. 투티가 바우 뒤에 앉는다.

나머지 이런저런 전치사

전치사의 종류는 생각보다 많아. 하지만 시간전치사와 장소전치사, 그리고 방향을 나타내는 방향전치사와 수단을 나타내는 수단전치사 정도만 알면 거의 다 안다고 할 수 있어. 그럼 방향전치사와 수단전치사에 대해서 알아볼까?

>>1. 방향전치사

<u>1) from</u> '~로부터, ~에서' 라는 뜻으로 출발하는 곳을 나타내.

The race started from Busan. 그 경주는 부산에서 출발했다.

2) to '~에' 라는 뜻으로 도착하는 곳을 나타내.
We got to London yesterday. 우리는 어제 런던에 도착했다.

3) for '~을 향해' 라는 뜻으로 목적지를 나타내.
He left for New York. 그는 뉴욕을 향해 떠났다.

4) up '~의 위로' 라는 뜻으로 운동의 방향을 나타내.
The boy went up the mountain. 그 소년은 산 위로 갔다.

5) down '~의 아래로' 라는 뜻으로 운동의 방향을 나타내.
They went down the hill. 그들은 언덕 아래로 내려갔다.

>>2. 수단 전치사

1) by 〈by+교통 수단〉은 '~을 타고' 라는 뜻, 단 '걸어서' 는 on foot이야.
I go to school by bus. 나는 버스를 타고 학교에 간다.

2) with '~을 가지고' 라는 뜻으로 도구를 나타내.
She cut it with a knife. 그녀는 그것을 칼로 잘랐다.

3) in '~으로' 라는 뜻으로 재료를 나타내.
Bau wrote a letter in ink. 바우는 잉크로 편지를 썼다.

Check Point
전치사란 명사 앞에 놓이는 말이다.
전치사는 그것이 무엇을 나타내느냐에 따라서 시간전치사, 장소전치사, 방향전치사, 수단전치사 등으로 나눌 수 있다.

연습문제

1. 빈칸에 알맞은 전치사를 써 넣어보자.

   ① I study English _____ Saturday. 나는 토요일에 영어를 공부한다.

   ② She goes to bed _____ ten o'clock. 그녀는 10시에 잠을 잔다.

   ③ My brother was born _____ March 21 _____ 1997.
   내 동생은 1997년 3월 21일에 태어났다.

   ④ I usually watch television _____ dinner.
   나는 대개 저녁 식사 후에 텔레비전을 본다.

   ⑤ We have to go to school _____ eight. 우리는 학교에 8시 전에 가야 한다.

   ⑥ He is staying _____ the hotel. 그는 호텔에 묵고 있다.

   ⑦ Nancy was born _____ America. 낸시는 미국에서 태어났다.

   ⑧ Don't sit _____ the bed. 침대 위에 앉지 마라.

   ⑨ The cat is _____ the table. 고양이가 식탁 밑에 있다.

   ⑩ My mom is _____ the kitchen. 엄마는 부엌에 계신다.

2. ( ) 안에서 알맞은 전치사에 동그라미를 쳐보자.

   ① She danced (behind, in front of) us. 그녀는 우리 앞에서 춤을 추었다.

   ② Jane is (next to, for) me. 제인은 내 옆에 있다.

   ③ The train started (to, from) Daegu. 그 기차는 대구에서 출발했다.

   ④ We went (down, up) the hill. 우리는 언덕 위로 갔다.

   ⑤ They go to school (by, with) train. 그들은 기차로 학교에 간다.

정답은 다음 장에 →

Quiz

"Let's go dutch."란 무슨 뜻일까?

① '네덜란드에 가자.' 라는 뜻
② '내가 살게.' 라는 뜻
③ '각자 계산하자.' 라는 뜻
④ 아무런 뜻이 없음

Let's go dutch.는 '네덜란드에 가자.' 라는 뜻이 아니라 식당에서 음식을 먹거나 했을 때 '각자 계산하자.' 라는 뜻으로 쓰이는 말이다. 이 말은 네덜란드 사람들의 검소하면서도 합리적인 생활 방식에서 유래했다고 한다. 우리나라에서는 각자 계산을 더치페이(dutch-pay)라고도 하는데, 이는 올바른 영어가 아니다. 한국에서만 쓰는 일종의 콩글리시이다. 참고로 '내가 살게.'는 It's my treat. 또는 It's on me. 등으로 표현할 수 있다. 그리고 '반반씩 부담하자.'는 Let's go fifty-fifty. 또는 Let's go half and half. 등으로 쓴다.　　　　　　　　　　　　　　　　　　　　　　정답 ③

정답 1. ① **on** *요일 앞에는 **on**을 쓴다. ② **at** *특정한 시간 앞에는 **at**을 쓴다. ③ **on, in** *특정한 날 앞에는 **on**, 긴 시간 앞에는 **in**을 쓴다. ④ **after** * '~ 후에' 라는 말을 할 때는 **after**를 쓴다. ⑤ **before** * '~ 전에' 라는 말을 할 때는 **before**를 쓴다. ⑥ **at** * 비교적 좁은 장소 앞에는 **at**을 쓴다. ⑦ **in** * 나라나 도시 같은 비교적 넓은 장소 앞에는 **in**을 쓴다. ⑧ **on** * 표면에 붙어 있는 상태의 위를 말할 때는 **on**을 쓴다. ⑨ **under** * '~ 바로 밑에' 라는 말을 할 때는 **under**를 쓴다. ⑩ **in** * '~ 안에' 있다는 걸 말할 때는 **in**을 쓴다.
2. ① **in front of** *behind는 '~ 뒤에' 라는 뜻으로 위치를 나타낸다. ② **next to** *for는 '~을 향해' 라는 뜻으로 목적지를 나타낸다. ③ **from** *to는 '~에' 라는 뜻으로 도착하는 곳을 나타낸다. ④ **up** *down은 '~의 아래로' 라는 뜻으로 운동의 방향을 나타낸다. ⑤ **by** *with는 '~을 가지고' 라는 뜻으로 도구를 나타낸다.

PART 3 각각의 품사와 그 쓰임에 대해 알아보자

서로 맞대어 이어 주는 말
접속사

접속사 CONJUNCTION

여러분은 접속을 많이 할 거야? 무슨 소리냐고? 틈만 나면 인터넷 게임 사이트에 접속하잖아? 내 말이 맞지? 그렇다면 접속이란 정확히 무슨 뜻일까? 컴퓨터 켜 놓고 게임 사이트에 들어가는 거라고? 그렇게 말할 줄 알았어. 물론 그것도 접속이긴 해. 하지만 여기에서의 접속은 '서로 맞대어 이음' 이란 뜻이야.

그렇다면 접속사는 또 뭘까? 서로 맞대어 이어 주는 말이겠지? 그래, 접속사란 단어와 단어, 문장과 문장을 서로 맞대어 이어 주는 품사를 말해. 우리는 '그리고, 그런데, 하지만' 같은 말들을 곧잘 하는데, 바로 이런 말들이 접속사야. 그렇다면 영어에서는 어떤 것들이 접속사일까? **and, but, or, so** 같은 것들이 접속사야. 자, 그럼 이런 접속사들이 각각 어떻게 쓰이는지 알아볼까?

and, but, or의 쓰임

and, but, or는 접속사 중에서도 가장 기본적으로 쓰이는 것들이야. 먼저 **and**는 단어와 단어, 문장과 문장을 이어 주는 역할을 해. 그리고 **but**은 앞과 뒤의 내용이 서로 반대되는 것을 이어 주는 역할을 하지. 그렇다면 **or**는 뭐하는 접속사일까? **or**는 두 개 중에서 하나를 고를 때 쓰는 접속사야.

>>1. 단어와 단어, 문장과 문장을 이어 주는 and

and는 주로 '~와, 그리고' 의 뜻으로 쓰여.

1) 단어와 단어를 이어 주는 경우
Bau and Lulu go on a picnic. 바우와 루루가 소풍을 간다.
I had a hamburger and a coke. 나는 햄버거와 콜라를 먹었다.

2) 문장과 문장을 이어 주는 경우
She is a teacher and he is a student. 그녀는 선생님이고, 그는 학생이다.
Brush your teeth and go to bed. 양치하고 자거라.

>>2. 내용이 반대되는 것을 이어 주는 but

but은 '~지만, 그러나' 의 뜻으로 쓰여.
I like chicken, but I don't like pork.
나는 닭고기는 좋아하지만 돼지고기는 좋아하지 않는다.
Bau can swim, but Lulu can't swim.
바우는 수영을 할 수 있지만, 루루는 수영을 못 한다.

>> **3. 두 개 중에서 하나를 고를 때는 or**

or는 '~또는, ~든지, 이거 아니면 저거'의 뜻으로 쓰여.

Are you from America or England? 너는 미국에서 왔니, 아니면 영국에서 왔니?

I want a cat or a dog. 고양이나 강아지를 원해요.

단어가 여러 개인 경우 접속사는 어떻게 사용하나요?

셋 이상의 단어를 연결할 때는 쉼표를 사용하고, 맨 마지막 단어에만 and(또는 or)를 써.

I bought a book and two notebooks and three pencils and a bag. (×)
→ I bought a book, two notebooks, three pencils, and a bag. (○)
나는 책 한 권, 공책 두 권, 연필 세 자루, 그리고 가방을 하나 샀다.

so, for, because의 쓰임

so는 '~해서, 그래서'의 뜻으로 so 앞에는 흔히 쉼표가 있어. for는 '~ 때문에, 왜냐하면'의 뜻인데, for 앞에는 반드시 쉼표가 있어야 돼. because는 for와 비슷한 뜻으로 쓰여.

I was sick, so I went to bed early.
나는 아파서 일찍 잤다.

We can't go out, for it is raining.
우리는 밖에 나갈 수 없다. 왜냐하면 비가 오고 있기 때문이다.

I can't go because I'm busy now.
나는 지금 바쁘기 때문에 갈 수 없다.

101

Check Point

접속사란 단어와 단어, 문장과 문장을 이어 주는 품사이다.
and는 '~와, 그리고'의 뜻으로 두 단어 또는 두 문장을 이어 주는 역할을 한다.
but은 '~지만, 그러나'의 뜻으로 내용이 반대되는 것을 이어 주는 역할을 한다.
or는 '~또는, ~든지, 이거 아니면 저거'의 뜻으로 두 개 중에서 하나를 고를 때 쓴다.

연습문제

정답 1. ① and ② so ③ or ④ but ⑤ and
2. ① and ② but ③ or ④ so ⑤ because

* and는 '~와, 그리고'의 뜻으로 두 단어 또는 두 문장을 이어 준다. but은 '~지만, 그러나'의 뜻으로 내용이 반대되는 것을 이어 준다. or는 '~또는, ~든지, 이것 아니면 저것'의 뜻으로 두 개 중에서 하나를 고를 때 쓴다. so는 '~해서, 그래서'의 뜻이다. because는 '~ 때문에, 왜냐하면'의 뜻이다.

연습문제

1. 보기에서 알맞은 접속사를 골라 (   ) 안에 넣어보자.

   > 보기   and 그리고   but 그러나   so 그래서   or 아니면

   ① She (   ) I go to school. 그녀와 나는 학교에 다닌다.

   ② I was ill, (   ) I didn't go out. 나는 아파서 밖에 나가지 않았다.

   ③ Which do you like better, apples (   ) oranges?
   어느 것을 더 좋아해, 사과야, 아니면 오렌지야?

   ④ He is old, (   ) I am young. 그는 늙었지만 나는 젊다.

   ⑤ Go home (   ) take a rest. 집에 가서 쉬어라.

2. (   ) 안에서 알맞은 접속사에 동그라미를 쳐보자.

   ① Mary lives in Chicago (but, and, or) Jane lives in New York.
   메리는 시카고에 살고, 제인은 뉴욕에 산다.

   ② I didn't go, (or, so, but) he did. 나는 가지 않았지만 그는 갔다.

   ③ Do you go to school by bus (so, and, or) by subway?
   학교에 버스로 가니, 아니면 지하철로 가니?

   ④ I have no money, (but, so, and) I can't buy the book.
   나는 돈이 없어서 그 책을 살 수 없다.

   ⑤ He is absent (and, but, because) he has a cold.
   그는 감기에 걸렸기 때문에 결석했다.

   ← 정답은 앞 장에

2부
심화편

PART 1

제 2부 심화편

세상의 모든 문장은 5형식 안에 있다!

PART 1 세상의 모든 문장은 5형식 안에 있다

문장의 5형식이란?

여러분은 영어문장을 많이 보았을 거야. 영어 교과서나 영자신문 등을 통해서 말이야. 아직 영자신문은 본 적이 없다고? 이런, 안타까워서 어쩌지? 나 투티는 매일 영자신문을 보는데 말이야. 잘난 척하지 말라고? 알았어.

아무튼 영어 교과서나 영자신문 등에는 엄청나게 많은 영어문장들이 실려 있어. 그 중에는 짧은 것도 있고, 끝이 어딘지 모를 정도로 긴 것도 있지. 하지만 짧든 길든 문장은 5가지 형식으로 나눌 수 있어. 그러니까 모든 문장은 5형식 안에 있다는 얘기인데, 문장을 1형식, 2형식, 3형식, 4형식, 5형식, 이렇게 5가지로 분류한 것을 가리켜서 **문장의 5형식**이라고 말해.

1형식 문장 : 주어 + 동사

1형식 문장은 아주 간단해. **주어와 동사만 있으면 되거든.** 아래의 문장처럼 말이야.

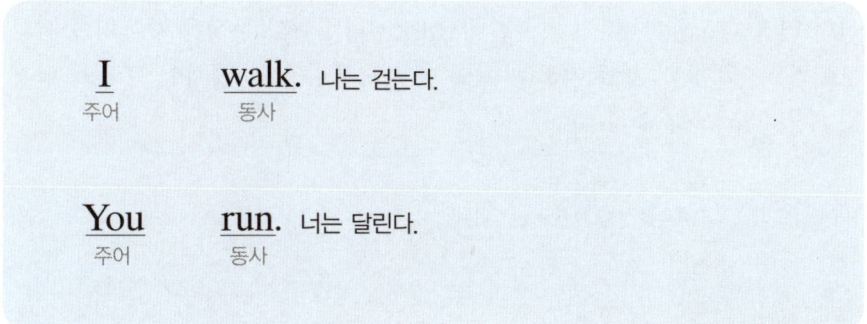

이처럼 1형식 문장은 주어와 동사만으로 이루어져 있어. 그렇다고 해서 1형식 문장이 주어와 동사, 두 단어로만 이루어져 있다는 것은 아니야. 아래의 문장처럼 동사를 꾸며 주는 역할을 하는 수식어가 따라붙는 경우가 많아.

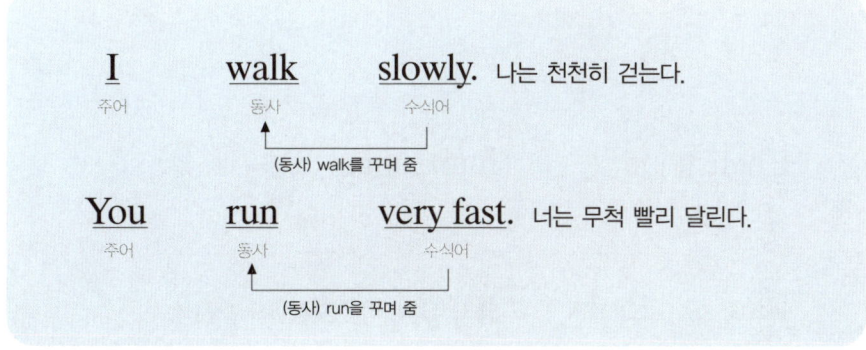

2형식 문장 : 주어 + 동사 + 보어

2형식 문장은 주어와 동사만으로는 부족해서 이를 보충해 주는 보어가 필요한 문장이야. 앞에서 보어는 보충해 주는 말로, 보어가 되는 것은 명사와 형용사 같은 것들이라고 했지? 기억 안 나? 뭐, 전혀 안 난다고? 아! 이거 피곤한데! 어쨌거나 2형식 문장은 주어와 동사와 보어가 있는 것을 말하는데, 아래의 예문처럼 보어가 명사인 경우와 형용사인 경우로 나눌 수 있어.

>>1. 주어 + 동사 + 명사보어

Eric	is	a singer.	에릭은 가수이다.(에릭 = 가수)
주어	동사	명사보어	

He	became	an actor.	그는 배우가 되었다.(그 = 배우)
주어	동사	명사보어	

>>2. 주어 + 동사 + 형용사보어

English	is	interesting.	영어는 재미있다.
주어	동사	형용사보어	

Bau	looks	happy.	바우는 행복해 보인다.
주어	동사	형용사보어	

3형식 문장 : 주어 + 동사 + 목적어

바로 앞에서 2형식 문장은 주어와 동사와 보어가 있다고 했지? 3형식 문장은 2형식 문장의 보어 대신 목적어가 있는 거야. 그러니까 주어와 동사와 목적어가 있는 것이지. 그렇다면 목적어와 보어는 어떻게 구별할까? 보어는 주어와 같거나 주어의 성질을 설명해 주는 역할을 해. 그런데 목적어는 주어와 이런 관계가 성립되지 않아. **목적어는 동작의 대상이 되는 것으로, 문장에서 '~을/를'에 해당하는 말이야.** 그리고 목적어로는 명사나 대명사 같은 것들이 쓰여.

I	like	pizza.	나는 피자를 좋아한다.
주어	동사	목적어[명사]	

Bau	loves	her	very much.	바우는 그녀를 무척 사랑한다.
주어	동사	목적어[대명사]		

4형식 문장 : 주어 + 동사 + 간접목적어 + 직접목적어

4형식 문장에는 3형식 문장에 있는 주어, 동사, 목적어 외에 또 하나의 요소가 있어. 그게 뭐냐고? 바로 '~에게'로 해석되는 간접목적어야. 다음 문장을 살펴볼까?

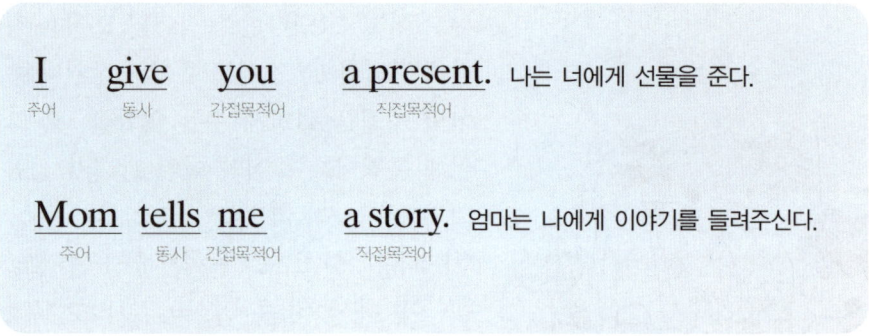

여기에서 '~에게'에 해당되는 **you**, **me**가 간접목적어야. 물론 **a present**, **a story**는 '~을/를'로 해석되니까 목적어인데, 4형식 문장에서는 직접목적어라고 해. 간접목적어와 직접목적어가 함께 쓰일 때는 간접목적어가 직접목적어 앞에 놓여.

수여동사가 뭐죠?

4형식 문장에 나오는 동사를 흔히 수여동사라고 해. 수여동사란 '주는 동사'라는 뜻이야. 당연히 주는 동사라면 '~에게 ~을/를' 주는지 나타내야 하겠지? 결국 이때 문에 목적어가 2개인데, 수여동사에는 다음과 같은 것들이 있어.
give 주다 | **tell** 말하다 | **teach** 가르치다 | **send** 보내다 | **buy** 사다

5형식 문장 : 주어 + 동사 + 목적어 + 목적보어

5형식 문장은 주어, 동사, 목적어에다 목적보어가 있는 거야. 목적보어가 뭐냐고? **목적어의 상태를 설명하거나 그 뜻을 보충해 주는 말**이야. 목적보어가 목적어를 어떻게 설명해 주고 보충해 주는지 예문을 통해서 알아볼까?

You make me happy. 너는 나를 기쁘게 만든다.
주어 / 동사 / 목적어 / 목적보어

We call him Bau. 우리는 그를 바우라고 부른다.
주어 / 동사 / 목적어 / 목적보어

첫 번째 문장에서 **You make me**까지만 보면, 3형식 문장처럼 〈주어 + 동사 + 목적어〉로 되어 있어. 그런데 이것만으로는 '너는 나를 만든다' 라는 이상하면서도 불완전한 문장이 돼. 그래서 '나' 를 어떻게 만드는지를 설명해 줄 다른 단어가 필요한데, 그것이 바로 **happy**라는 단어야. 결국 **happy**는 목적어인 **me**(나를)의 상태를 설명해 주는 목적보어인 것이지.

두 번째 문장도 마찬가지야. **We call him**(우리는 그를 부른다)만으로는 문장이 불완전하기 때문에 목적어 **him**을 보충해 줄 목적보어가 필요한데, 그것이 **Bau**라는 단어이지.

113

Check Point

문장은 다음과 같이 5가지 형식으로 되어 있다.
1형식 : 주어 + 동사
2형식 : 주어 + 동사 + 보어
3형식 : 주어 + 동사 + 목적어
4형식 : 주어 + 동사 + 간접목적어 + 직접목적어
5형식 : 주어 + 동사 + 목적어 + 목적보어

연습문제

다음 문장들이 각각 몇 형식 문장인지 알아맞혀 보자.

① **She is kind.** 그녀는 친절하다. (   )
② **Lulu sleeps.** 루루는 잠잔다. (   )
③ **Mom buys me a doll.** 엄마는 내게 인형을 사 주신다. (   )
④ **Bau has a car.** 바우는 자동차를 가지고 있다. (   )
⑤ **I make her happy.** 나는 그녀를 기쁘게 해준다. (   )

정답 1. ① 2형식 문장 *주어(**She**) + 동사(**is**) + 보어(**kind**) ② 1형식 문장 *주어(**Lulu**) + 동사(**sleeps**) ③ 4형식 문장 *주어(**Mom**) + 동사(**buys**) + 간접목적어(**me**) + 직접목적어(**a doll**) ④ 3형식 문장 *주어(**Bau**) + 동사(**has**) + 목적어(**a car**) ⑤ 5형식 문장 *주어(**I**) + 동사(**make**) + 목적어(**her**) + 목적보어(**happy**)

퀴즈(quiz)와 퍼즐(puzzle)은 어떻게 다를까?

① 퀴즈는 말이나 문장을 통해 질문을 하는 형식으로 되어 있고, 퍼즐은 그림이나 도형 등을 통해 문제를 풀도록 되어 있다.
② 퀴즈는 그림이나 도형 등을 통해 문제를 풀도록 되어 있고, 퍼즐은 말이나 문장을 통해 질문을 하는 형식으로 되어 있다.
③ 퀴즈와 퍼즐은 글자만 다를 뿐, 똑같은 뜻으로 쓰이는 말이다.
④ 퀴즈는 정답을 맞히면 상금을 주지만, 퍼즐은 정답을 맞혀도 국물조차 없다.

퀴즈는 문장이나 말로 묻는 질문 형식을 띤다. 그리고 되도록 그 정답을 빨리 알아맞혀야만 하는 특징이 있다. 이에 비해 퍼즐은 어느 정도 시간적인 여유가 주어지는 것으로, 그림이나 도형 등을 통해 문제를 내고 이를 풀도록 꾸며져 있다. 그러니까 그림이나 도형이 없는 것은 퍼즐이 아닌 것이다.

정답 ①

동사의 세계를 정복하라!

제 2부 심화편

PART 2

PART 2 동사의 세계를 정복하라

동사의 활용
원형, 과거형, 과거분사형

Verb

동사 VERB

앞에서도 말했지만 영어에서 <u>동사는 매우 중요한 거야. 단어들을 아무리 많이 모아도 동사가 없으면 문장이 되지 않아.</u> 반면에 동사는 하나만 있어도 문장이 돼. **Go!**가! | **Run!**달려! | **Stop!**멈춰! 처럼 말이야.

동사는 중요한 만큼 그 세계가 넓고 좀 복잡해. 하지만 넓으면 얼마나 넓고, 복잡하면 또 얼마나 복잡하겠어? 동사의 세계가 아무리 넓고 복잡해도 여러분은 충분히 정복할 수 있어. 이제는 영어에 웬만큼 자신이 있으니까 말이야. 자신이 있으면 못할 게 없잖아. 그렇지? 당연히 그렇다고.

동사는 변덕쟁이야. 이렇게도 변하고, 저렇게도 변하니까. 그렇다면 동사가 변하는 것을 뭐라고 할까? 보통 동사의 활용이라고 해. 그리고 **동사의 활용은 원형, 과거형, 과거분사형 이렇게 3가지의 변화를 말하지.**

동사의 원형은 사전에서 찾을 수 있는 **동사의 원래 모양**을 말하는 거야. 여러분은 '먹었다, 먹는다' 는 말을 우리말 사전에서 찾으려면 어떻게 하지? '먹다' 라는 으뜸꼴을 찾는다고? 맞아, 가장 기본이 되는 으뜸꼴을 찾는데 '먹다' 같은 것이 바로 원형이야.

과거형은 과거를 나타낼 때 쓰이는 동사의 꼴을 말해. 그리고 과거분사형은 나중에 배우겠지만 완료라는 시제와 수동태 문장에 쓰이는 거야. 바로 앞에서 말한 것처럼 동사의 활용은 〈원형-과거형-과거분사형〉으로 변하는 걸 뜻하는데, 여기에는 규칙적으로 변하는 **규칙동사**가 있고, 불규칙하게 변하는 **불규칙동사**가 있어. 그럼 규칙동사부터 알아볼까?

규칙동사

대부분의 동사는 규칙적으로 변해. 규칙동사는 원형에 **-ed**를 붙여서 과거형과 과거분사형을 만들어. 아래처럼 말이야.

★ 단, e로 끝나는 동사는 -d를 붙여.

〈원형〉
close 닫다
like 좋아하다

〈과거형〉
closed
liked

〈과거분사형〉
closed
liked

★ 〈자음 + y〉로 끝나는 동사는 y를 i로 고치고 -ed를 붙여.

〈원형〉
marry 결혼하다
study 공부하다

〈과거형〉
married
studied

〈과거분사형〉
married
studied

★ 짧게 발음되는 모음(단모음) 뒤에 자음이 붙어서 끝나는 동사는 자음을 한 번 더 쓰고 -ed를 붙여.

〈원형〉
beg 빌다
stop 멈추다

〈과거형〉
begged
stopped

〈과거분사형〉
begged
stopped

불규칙동사

불규칙동사는 말 그대로 불규칙하게 변하는 동사인데, 다음과 같이 4가지 형태로 나눌 수 있어.

★ **A-A-A형**(원형, 과거형, 과거분사형이 모두 같다)

〈원형〉	〈과거형〉	〈과거분사형〉
cut 자르다	cut	cut
hit 치다	hit	hit
put 놓다	put	put

★ **A-B-A형**(원형과 과거분사형이 같다)

〈원형〉	〈과거형〉	〈과거분사형〉
come 오다	came	come
run 달리다	ran	run

★ **A-B-B형**(과거형과 과거분사형이 같다)

〈원형〉	〈과거형〉	〈과거분사형〉
buy 사다	bought	bought
meet 만나다	met	met
say 말하다	said	said

★ A-B-C형(원형, 과거형, 과거분사형이 모두 다르다)

〈원형〉	〈과거형〉	〈과거분사형〉
begin 시작하다 go 가다 sing 노래하다	began went sang	begun gone sung

be동사는 어떻게 변하나요?

be동사도 A-B-C형으로 변해. 그러니까 원형과 과거형, 과거분사형이 모두 다르지. 그런데 be동사는 특이하게 과거형이 was와 were 두 개야. was는 you를 제외한 단수가 주어일 때, were는 you와 복수가 주어일 때 써. 과거분사형은 원형과 비슷한 형태인 been이지.

주어	현재형	과거형	과거분사형
I(1인칭 단수)	am	was	been
you(2인칭)와 복수	are	were	been
he, she, it(3인칭 단수)	is	was	been

Check Point 동사가 원형-과거형-과거분사형으로 변하는 걸 **동사의 활용**이라고 한다. 동사에는 규칙적으로 변하는 **규칙동사**가 있고, 불규칙적으로 변하는 **불규칙 동사**가 있다.

연습문제

( ) 안에 알맞은 동사의 꼴을 넣어보자.

〈원형〉	〈과거형〉	〈과거분사형〉
① want 원하다	( )	wanted
② play 놀다	played	( )
③ live 살다	( )	( )
④ cry 울다	( )	( )
⑤ drop 떨어지다	( )	( )
⑥ read 읽다	( )	( )
⑦ become 되다	( )	become
⑧ sleep 자다	( )	( )
⑨ eat 먹다	( )	( )

정답 1. ① **wanted** ② **played** ③ **lived, lived** *e로 끝나는 동사는 -d만 붙인다. ④ **cried, cried** *〈자음+y〉로 끝나는 동사는 y를 i로 고치고 -ed를 붙인다. ⑤ **dropped, dropped** *〈단모음＋자음〉일 때는 자음을 한 번 더 쓰고 -ed를 붙인다. ⑥ **read[red], read[red]** *철자는 같지만 원형인 read의 발음은 [ri:d]이다. ⑦ **became** *원형과 과거분사형이 같은 A-B-A형이다. ⑧ **slept, slept** *과거와 과거분사형이 같은 A-B-B형이다. ⑨ **ate, eaten** *원형, 과거형, 과거분사형이 모두 다른 A-B-C형이다.

Oh, my God!

PART 2 동사의 세계를 정복하라

동사의 시제

때에 따라 변하는
동사의 모양

시제 TENSE

앞에서 동사는 이렇게도 변하고, 저렇게도 변한다고 했어. 하지만 아무런 기준도 없이 멋대로 변하지는 않아. 동사는 인칭(1인칭·2인칭·3인칭)과 수(단수·복수)에 따라서, 그리고 때(현재·과거·미래)에 따라서 변해.

여기에서 때, 그러니까 현재·과거·미래를 다른 말로는 뭐라고 할까?(힌트: '시' 자로 시작됨.) 시제라고 한다고? 와, 잘 아네! 맞아, 시제(時制)란 현재·과거·미래를 의미하는데, 동작이나 상태가 일어난 때에 따라서 동사의 모양이 달라져. 그리고 시제에는 현재, 과거, 미래(이것을 기본시제라고 해) 뿐만 아니라 진행시제, 완료시제 등이 있어. 그럼 하나하나 자세히 알아볼까?

125

현재시제

현재시제는 일반적으로 가장 많이 쓰이는 시제야. 물론 여기에는 현재란 말이 들어 있으니까 **동사의 현재형**이 쓰이지. 그렇다면 현재시제를 나타내는 현재형은 어떤 때 쓸까?

>>1. 현재의 사실이나 상태를 나타낼 때 쓰여.

I am hungry. 나는 배가 고프다.
Bau looks sad now. 바우는 지금 슬퍼 보인다.

>>2. 습관이나 반복적인 행위를 나타낼 때 쓰여.

I take a shower in the morning. 나는 아침에 샤워를 한다.
She keeps a diary everyday. 그녀는 매일 일기를 쓴다.

>>3. 변하지 않는 진리를 나타낼 때 쓰여.

Three and two are five. 3 더하기 2는 5이다.
The earth moves around the sun. 지구는 태양의 주위를 돈다.

과거시제

과거시제는 말 그대로 **이미 지나간 일을 나타내는 거야.** 이전에 하던 습관이나 행동도 과거시제로 나타내지. 그럼 과거시제로 만들려면 어떻게 할까? 어떻게 하기는 뭘 어떻게 해? 과거시제니까 동사를 그에 맞는 과거형으로 써 주면 되지 뭐. 아래처럼 말이야.

I was born in 1995. 나는 1995년에 태어났다.

We always played soccer in the afternoon. 우리는 항상 오후에 축구를 했다.

과거시제의 부정문과 의문문을 만드는 법도 알아볼까?

>>1. 과거시제의 부정문

1) 일반동사의 부정문

일반동사의 과거시제 부정문은 동사 앞에 **do**의 과거형인 **did**에다 '아니'라는 말을 할 때 쓰는 **not**을 붙여서 만들어. 간단하지?

I watched TV last night. 나는 어젯밤에 TV를 봤다.

➡ **I did not watch TV last night.** 나는 어젯밤에 TV를 보지 않았다.

> 과거시제 부정문과 의문문에서는 주어 다음에 동사의 과거형이 오지 않고 동사원형이 와. 왜냐고? did가 이미 과거형인데 또 과거형을 쓸 필요가 없잖아.
> *did not은 흔히 didn't라고 줄여서 쓴다.

2) be동사의 부정문

be동사의 과거시제 부정문을 만드는 법은 더 간단해. **was**나 **were** 다음에 **not**만 붙이면 되거든.

I was not(=wasn't) busy. 나는 바쁘지 않았다.

You were not(=weren't) asleep at that time. 너는 그때 자고 있지 않았다.

>>2. 과거시제의 의문문

1) 일반동사의 의문문

일반동사의 과거시제 의문문은 문장 앞에 **Did**를 붙이고 문장 끝에 물음표(?)를 붙이면 돼. 이때 대답하는 법은 긍정이면 〈**Yes**, 주어 + **did**〉이고, 부정이면 〈**No**, 주어 + **didn't**〉야. 쉽지?

Did you watch TV last night? 너 어젯밤 TV 봤니?
→ **Yes, I did.** 응, 봤어. [긍정]
→ **No, I didn't.** 아니, 안 봤어. [부정]

2) be동사의 의문문

be동사의 과거시제 의문문 만드는 법도 아주 간단해. 주어와 **be**동사의 위치를 바꿔 주면 되거든. 대답하는 법도 쉬워. 긍정이면 〈**Yes**, 주어 + **was/were**〉이고, 부정이면 〈**No**, 주어 + **was not/were not**〉이야.

You were asleep at that time. 넌 그때 자고 있었어.
→ **Were you asleep at that time?** 넌 그때 자고 있었지?
→ **Yes, I was.** 응, 그랬어. [긍정]
→ **No, I was not(=wasn't).** 아니야, 안 잤어. [부정]

미래시제

미래시제는 앞으로 일어날 일을 표현하는 거야. 미래를 나타내 주는 것에는 **be going to**와 **will**이 있어. 이 둘은 생김새는 다르지만 비슷한 뜻으로 쓰여. 일단 하나씩 알아볼까?

>>1. be going to

가까운 미래를 나타내는 것으로, '~할 것이다'라는 뜻으로 쓰여. **be going to**에서 **be**는 **be**동사를 말해. 그러니까 **be**는 주어에 따라서 **am, are, is**로 바뀌지. **to** 다음에는 하려고 마음먹은 것을 쓰는데, 이 자리에는 동사원형이 와.

I am going to watch TV. 나는 텔레비전을 볼 것이다.
　　　　　　→ 동사원형

We are going to move. 우리 이사할 거야.

* **be going to**에 **go**가 들어 있지만 이는 '가다'라는 뜻이 아니다. 그저 미래를 나타낼 뿐이고, 만약 '~에 갈 것이다'라고 한다면 **be going to go**라고 한다.

그렇다면 '~안 할 것이다'라는 뜻의 부정문은 어떻게 만들까? 간단해. **be**동사 뒤에 **not**만 붙이면 돼.

I am not going to talk to you. 나 너랑 말 안 할 거야.
He is not going to go swimming. 그는 수영하러 안 갈 거야.

'~할 거야?'라고 묻는 의문문을 만들려면 어떻게 할까? 이것도 아주 간단해. 다음과 같이 **be**동사를 맨 앞으로 보내고 문장 끝에 물음표(?)를 붙이면 돼.

You are going to go home. 너는 집에 갈 것이다.
→ **Are you going to go home?** 너 집에 갈 거야?

>> 2. will

will은 '~할 것이다' 또는 '아마 ~ 일 것이다'는 뜻으로 많이 쓰여. will을 사용한 미래시제는 will 다음에 동사원형이 와.

I will go there. 난 거기에 갈 거야.
→ 동사원형

* I will을 줄여서 I'll로도 쓴다.

It will rain tomorrow. 내일 비가 올 거야.

will을 사용하여 '~안 할 거야'라는 뜻의 부정문을 만들려면 will 다음에 not만 붙이면 돼.

I will not go shopping. 난 쇼핑 안 갈 거야.
* will not을 줄여서 won't라고도 쓴다.

I won't tell anyone. 아무한테도 말 안 할게.

상대방에게 '~할 거야?'라고 물을 때는 다음과 같이 will을 맨 앞에 놓고 문장 끝에 물음표(?)를 붙이면 돼.

Will you come? 너 올 거야?
Will you be free tomorrow? 너 내일 한가하니?

shall은 어떤 경우에 쓰나요?

미래를 나타내는 것 중에는 shall도 있어. 하지만 요즘에는 shall 대신 will을 많이 써. 다만 허락을 요청하거나 권유하는 의문문에서는 shall을 쓰지.
Shall I come in? 저 들어가도 돼요?
Shall we dance? 우리 춤 출래요?

진행시제

진행시제는 지금 진행되고 있는 일을 나타내는 거야. 진행시제를 만들려면 동사 뒤에 **ing**를 붙이면 돼. 그런데 앞에 반드시 **be**동사가 와야 해. 그러니까 주어에 맞는 **be**동사를 먼저 쓴 다음에 동사를 〈동사 + **ing**〉 꼴로 고치면 되는 것이지. 진행시제는 **현재진행형, 과거진행형, 미래진행형** 이렇게 3가지로 나눌 수 있어. 그럼 하나하나 알아볼까?

>>1. 현재진행형

현재진행형은 지금 하고 있는 일을 가리키는 것으로 '~하고 있다' 또는 '~하는 중이다'는 뜻을 나타내. 현재진행형은 〈**be**동사의 현재형 + 동사 **ing**〉꼴로 만들어.

I am going to school. 나는 학교에 가고 있다.
She is listening to music. 그녀는 음악을 듣고 있는 중이다.

>>2. 과거진행형

과거진행형은 '~하고 있었다' 란 뜻을 나타내는데 〈**be**동사의 과거형 + 동사 **ing**〉 꼴로 만들어.

I was writing a letter at that time. 나는 그때 편지를 쓰고 있었다.
We were watching a video. 우리는 비디오를 보고 있었다.

>>3. 미래진행형

미래진행형은 '~하고 있을 것이다' 란 뜻을 나타내. 미래진행형을 만들려면 **be**동사 앞에 미래를 나타내는 조동사 **will**을 써 주면 돼. 그런데 **will**이 조동사이기 때문에 다음에 오는 **be**동사는 주어에 상관없이 원형인 **be**를 그대로 써. 결국 미래진행형은 〈will be + 동사ing〉 꼴로 나타낼 수 있지.

I will be going to that school in 3 years. 3년 후 나는 저 학교에 다니고 있을 거야.
He will be studying this evening. 그는 오늘 저녁에 공부를 하고 있을 것이다.

동사는 모두 진행형으로 쓸 수 있나요?

그렇지 않아. 동사에는 진행형으로 쓸 수 없는 것들이 있어. 어떤 동사들이냐고? 다음과 같이 상태나 감각, 혹은 느낌을 나타내는 동사들이야.
like좋아하다 | love사랑하다 | feel느끼다 | know알다 | want원하다 | see보다 | hear듣다 | smell냄새 맡다 | taste맛보다 | have가지다 * have가 '먹다'의 뜻으로 쓰일 때는 진행형으로 쓸 수 있어. I am having lunch. 나는 점심을 먹고 있다. 처럼 말이야.

>>4. 진행형의 부정문과 의문문

진행형은 〈be동사 + 동사ing〉라는 거 잘 알지? 그렇다면 진행형의 부정문과 의문문은 어떻게 만들까? 간단해. 부정문은 be동사 다음에 not을 붙이면 되고, 의문문은 주어와 be동사의 순서를 바꾸면 끝이야.

Bau is reading a comic book. 바우는 만화책을 보고 있다. [긍정문]
Bau is not reading a comic book. 바우는 만화책을 보고 있지 않다. [부정문]
　　　　〈be동사 + not + 동사 ing〉

Are you studying English? 너 영어 공부하는 중이니? [의문문]
　　　　〈be동사 + 주어 + 동사 ing〉… ?

→ Yes, I am. 응, 그래.
→ No, I am not. 아니, 안 하는데.

* 진행형의 의문문에는 대답도 진행형으로 한다. 하지만 Yes, No로 대답하는 경우에는 보통 동사 ing 이하를 생략하고 주어와 be동사로 대답한다.

완료시제

완료시제란 말 들어본 적이 있어? 아마 들어본 적이 별로 없을 거야. 완료시제는 우리말에 없으니까. 아무래도 좀 어려울 것 같다고? 사실 조금 어렵긴 해. 하지만 어려워 봤자지, 뭐. 하나하나 공부하다 보면 별것도 아니야.

완료시제란 어느 한 시점에서 다른 시점까지 계속된 동작이나 상태를 나타내고 싶을 때 쓰는 거야. 완료시제의 꼴은 〈**have(has) + 과거분사**〉를 기본으로 하는데, 시제에 따라서 현재완료, 과거완료, 미래완료로 나눌 수 있어. 그리고 이것들은 다시 그 쓰임에 따라서 각각 동작의 **완료, 경험, 계속, 결과** 이렇게 4가지로 나눌 수 있지. 그럼 현재완료부터 살펴볼까?

>>1. 현재완료

현재완료는 과거의 어느 때부터 현재까지 계속된 동작이나 상태를 말할 때 쓰는 것으로, 〈**have(has) + 과거분사**〉의 꼴로 나타내. 그리고 다음의 4가지 용법으로 나눌 수 있어.

1) 완료

'막 ~했다' 란 뜻으로, 과거에 시작된 동작이 이제 막 끝났음을 나타내.

I **have finished** my homework. 나는 막 숙제를 끝냈다.

2) 경험

'~한 적이 있다' 는 뜻으로, 지금까지의 경험을 나타내.

I **have seen** a lion. 나는 사자를 본 적이 있다.

3) 계속

'지금까지 죽 ~하고 있다' 는 뜻으로, 과거에 시작된 동작이나 상태가 지금까지 계속되고 있음을 나타내.

I have lived in Seoul for ten years. 나는 10년 동안 계속 서울에서 살고 있다.

4) 결과

'~해 버렸다(그 결과 지금은 ~이다)' 의 뜻으로, 과거에 있었던 동작의 결과가 현재에도 남아 있음을 나타내.

I have lost my watch. 나는 시계를 잃어 버렸다.(그래서 지금은 갖고 있지 않다.)
She has gone to America. 그녀는 미국으로 가 버렸다.(그래서 지금은 여기에 없다.)

>>2. 현재완료의 부정문과 의문문

현재완료의 부정문을 만들 때는 have 다음에 not을 붙여서 〈haven't + 과거분사〉를 써. 물론 주어가 3인칭 단수일 때는 haven't 대신에 hasn't를 쓰지.

현재완료의 의문문을 만들려면 주어와 have동사의 순서만 바꾸면 돼. 그리고 대답은 긍정일 때는 〈Yes, 주어(대명사) + have(has)〉, 부정일 때는 〈No, 주어(대명사) + haven't(hasn't)〉로 하면 되는 거야.

I haven't finished my homework yet. 나는 아직 숙제를 끝내지 않았다. [부정문]
He has arrived. 그는 도착했다. [평서문]
Has he arrived? 그는 도착했니? [의문문]
→ Yes, he has. 응, 도착했어.
→ No, he hasn't. 아니, 도착하지 않았어.

>>3. 과거완료

과거완료는 과거의 어느 시점을 기준으로 그 이전부터 그 시점까지의 기간에 일어난 동작이나 상태를 말할 때 쓰는 것으로, 〈had + 과거분사〉의 꼴로 나타내. 과거완료도 현재완료처럼 완료, 경험, 계속, 결과로 나눌 수 있어.

1) 완료

I had read the book when he came. 그가 왔을 때, 나는 그 책을 다 읽었다.

2) 경험

I had been to London before I was ten. 나는 열 살이 되기 전에 런던에 갔던 적이 있다.

3) 계속

She had studied hard for 10 years. 그녀는 10년 동안 열심히 공부하고 있었다.

4) 결과

Bau found that he had lost his bones. 바우는 자기의 뼈다귀를 잃어버린 것을 알았다.

>>4. 미래완료

미래완료는 미래의 어느 때까지의 동작이나 상태를 나타내. 미래완료를 만들 때는 미래의 일을 말하는 만큼 will을 써. 즉 〈will have + 과거분사〉로 나타내지. 미래완료도 완료, 경험, 계속, 결과로 나눌 수 있어.

1) 완료

I will have read this book by tomorrow. 나는 내일까지 이 책을 다 읽을 것이다.

2) 경험

I will have traveled to Jeju-do twice if I go there this summer.
이번 여름에 제주도에 가면, 나는 그곳을 두 번 여행하게 되는 것이다.

3) 계속

You will have lived here for five years by next July.
당신은 다가오는 7월이면 5년 동안 죽 이곳에서 사는 셈이 된다.

4) 결과

He will have bought a house by that time.
그는 그때쯤이면 집을 한 채 사게 될 것이다.

기본시제
현재   I <u>study</u> English. 나는 영어를 공부한다.
과거   I <u>studied</u> English. 나는 영어를 공부했다.
미래   I <u>will study</u> English. 나는 영어를 공부할 것이다.

진행시제
현재진행   I <u>am studying</u> English. 나는 영어를 공부하고 있다.
과거진행   I <u>was studying</u> English. 나는 영어를 공부하고 있었다.
미래진행   I <u>will be studying</u> English. 나는 영어를 공부하고 있을 것이다.

완료시제
현재완료   I <u>have studied</u> English. (지금도 계속해서) 나는 영어를 공부해 오고 있다.
과거완료   I <u>had studied</u> English. (그때까지 계속해서) 나는 영어를 공부하고 있었다.
미래완료   I <u>will have studied</u> English. (앞으로도 계속해서) 나는 영어를 공부하고 있을 것이다.

연습문제

1. 밑줄 친 부분을 지시대로 고쳐 써보자.

   ① **Bau <u>play</u> computer games.** 바우는 컴퓨터 게임을 한다.

   현재형으로 →

   ② **He <u>walk</u> to school.** 그는 걸어서 학교에 갔다.

   과거형으로 →

   ③ **Lulu <u>watch</u> television.** 루루는 텔레비전을 보고 있다.

   현재진행형으로 →

   ④ **The children <u>cry</u> in the dark room.** 그 아이들은 어두운 방에서 울고 있었다.

   과거진행형으로 →

2. 다음 문장을 지시대로 바꾸어 써보자.

   ① **He was absent yesterday.** 그는 어제 결석했다.

   부정문으로 → He _____ _____ absent yesterday. 그는 어제 결석하지 않았다.

   ② **I brushed my teeth.** 나는 이를 닦았다.

   부정문으로 → I _____ _____ _____ my teeth. 나는 이를 닦지 않았다.

   ③ **They were angry.** 그들은 화가 나 있었다.

   의문문으로 → _____ _____ angry? 그들은 화가 나 있었니?

   ④ **She passed the test.** 그녀는 그 시험을 통과했다.

   의문문으로 → _____ she _____ the test? 그녀는 그 시험을 통과했니?

⑤ **You have talked to a foreigner.** 너는 외국인과 말해 본 적이 있다.

　　의문문으로 → _____ you _____ to a foreigner? 너는 외국인과 말해 본 적 있니?

　　긍정 대답으로 → Yes, _____ _____ . 응, 있어.

　　부정 대답으로 → No, _____ _____ _____ . 아니, 없어.

3. 보기에서 알맞은 낱말을 골라 빈칸에 써 넣어보자.

　　보기   seen   has   lived   have   gone   had

① I (   ) (   ) here for six years. 나는 6년 동안 계속 여기에서 살고 있다.

② He (   ) (   ) to London. 그는 런던으로 가 버렸다.(그래서 지금 여기에 없다.)

③ Susie (   ) (   ) a whale when she was young.
　　수지는 어렸을 때 고래를 본 적이 있었다.

정답 1. ① plays ② walked ③ is watching ④ were crying
2. ① was not *줄여서 **wasn't**라고도 쓴다. ② did not brush ***did not**을 줄여서 **didn't**라고도 쓴다.
③ Were they ④ Did, pass ⑤ Have, talked / I have / I have not * **have not**을 줄여서 **haven't**라고도 쓴다.
3. ① have lived *현재완료 계속 ② has gone *현재완료 결과 ③ had seen *과거완료 경험

다음은 어느 섬에 대해 설명한 것이다. 괄호 안에 들어갈 섬 이름은?

> The ( ) islets are located about 215 kilometers off the eastern coast of Korea and 90km east of Ullung Island, North Kyongsang Province. ( ) consists of two tiny rocky islets surrounded by 33 smaller rocks. Rats, earthworms and gulls live there. ( ) had long been called by various names such as Usando, Sambongdo, Gajido and Seokdo.

① Hongdo 홍도
② Madagascar 마다가스카
③ Dokdo 독도
④ Nanjido 난지도

Dokdo belongs to Korea! 독도는 우리 땅!

정답 ③

PART 2 동사의 세계를 정복하라

조동사
동사를 도와주는 동사

조동사 AUXILIARY VERB

여러분은 조연이 뭔지 알 거야. 조연은 연극이나 영화에서 비록 주인공은 아니지만 멋진 연기로 주인공을 더욱 빛나게 해 주는 역할을 하지. 그런데 영어에도 이 같은 조연 역할을 하는 게 있어. 조동사가 바로 그거야. 조동사는 동사를 도와서 동사의 뜻을 더 잘 표현해 주는 역할을 해. 그러니까 조동사란 **동사를 도와주는 동사**인데, 이때 도움을 받는 동사를 '본동사'라고 불러. 그리고 문장에서는 언제나 〈조동사 + 본동사〉의 순서로 쓰이지.

조동사는 본동사만으로는 나타낼 수 없는 의미를 나타내거나 **의문문, 부정문**을 만들 때에도 필요해. 그럼 조동사에는 어떤 것들이 있으며, 각각 어떻게 쓰이는지 알아볼까?

do

do는 원래 '하다'라는 뜻을 가진 일반동사야. 하지만 be동사, have동사, 조동사가 없는 문장에서는 부정문, 의문문을 만들 때 조동사로 쓰여. 그리고 이때는 아무런 의미 없이 그저 일반동사(본동사)를 도와주는 역할만 해.

Do you remember me? 너 나 기억해?
→ **Yes, I do.** 응, 기억해.

>>1. 조동사 do, 대동사 do

위 대화 문장에는 **do**가 두 번 나와 있어. 첫 번째 문장의 **do**는 의문문을 만들 때 사용하는 것으로, 본동사를 도와주는 역할을 해. 그래서 이때의 **do**는 조동사야. 그럼 두 번째 문장의 **do**는 뭘까? 이것은 대동사라고 해. 대동사는 말 그대로 동사를 대신하는 거야. 두 번째 문장은 원래 **Yes, I remember you.** 응 나는 너를 기억해.인데, **remember you**를 간단하게 **do**로 대신해서 쓴 거지.

>>2. 주어가 1인칭, 2인칭일 때는 do, 3인칭일 때는 does, 과거형은 did

do는 주어가 1인칭, 2인칭일 때 사용해. 3인칭일 때는 **does**를 써. 그리고 과거형은 **did**를 쓰지.

Do you like milk? 너 우유 좋아하니?
→ **Yes, I do.** 응, 좋아해.

Does he have a girlfriend? 그는 여자 친구가 있니?
→ **No, he doesn't.** 아니, 없어.

Did you meet her yesterday?너 어제 그녀를 만났어?
→ Yes, I did.응, 만났어.

>>3. 동사를 강조할 때

do는 다음과 같이 동사를 강조할 때도 써.

Do be quiet, boys!얘들아, 제발 조용히 해라!

can, could

can 역시 본동사를 도와주는 조동사야. 그런데 이것은 주어에 따라 바뀌는 do나 does와는 달리 늘 can으로만 쓰여. could는 can의 과거형으로 본동사 앞에 쓰이는 조동사야. can과 could는 다음과 같은 경우에 많이 쓰이지.

>>1. '~할 수 있다'라는 뜻으로 능력이나 가능성을 나타낼 때

이때의 can은 be able to로 표현할 수도 있어. can은 미래형이 따로 없기 때문에 미래를 나타낼 때에는 will be able to를 써. 그리고 과거형 '~할 수 있었다' 라는 뜻으로는 could를 쓰지.

I can help you.나는 너를 도울 수 있다.
I will be able to help you.나는 너를 도울 수 있을 것이다.
I could help you.나는 너를 도울 수 있었다.

>>2. '~해 주시겠어요?'라고 상대방에게 무엇을 부탁하거나 요청할 때

이때는 Could you~? 또는 Can you~?를 써. 단지 잘 모르는 사람이나 어른에게 부탁하는 경우에는 Could you~?를, 친한 친구에게 부탁하는 경우에는 Can you~?를 많이 쓰지.

Could you **show me the way to the park?** 공원으로 가는 길을 가르쳐 주시겠어요?
Can you **lend me a pencil?** 연필 좀 빌려 줄래?

will, would

앞에서도 설명했지만 **will**은 미래시제를 나타내는 조동사로 '~할 것이다' 또는 '~일 것이다'는 뜻으로 쓰여.

I will **marry you.** 난 너랑 결혼할 거야.
He will **be a good singer.** 그는 훌륭한 가수가 될 거야.

>>1. will의 과거형 would

would는 **will**의 과거형으로 다음과 같이 쓰여.

I knew she would **go there.** 나는 그녀가 거기에 갈 거란 것을 알고 있었다.
I thought he would **do it.** 나는 그가 그 일을 할 것이라고 생각했다.

>>2. 과거의 불규칙한 습관을 나타낼 때

would는 다음과 같이 '~하곤 했다'는 뜻으로, 과거의 불규칙한 습관을 나타낼 때도 쓰여.

He would **often go swimming.** 그는 종종 수영하러 가곤 했다.
After lunch, I would **take a nap.** 점심을 먹고 나서 나는 낮잠을 자곤 했다.

>> 3. 상대방에게 부탁할 때

would는 **could**처럼 '~해 주시겠어요?'라고 상대방에게 부탁할 때도 쓰여. 이때 would 대신에 will을 쓸 수도 있어. 하지만 **would**가 더 정중한 표현이야.

Would you show it to me? 그것을 제게 좀 보여 주시겠어요?
Would you close the door? 문 좀 닫아 주실래요?

>> 4. 소망을 나타낼 때

would는 '~하고 싶다'는 뜻으로, 소망을 나타낼 때도 쓰여. 다만 이때는 〈would like to + 동사원형〉의 꼴로 쓰이지.

I would like to buy a new camera. 나는 새 카메라를 사고 싶다.
I would like to go abroad. 나는 외국에 가고 싶다.

shall, should

shall은 **will**처럼 '~할 것이다'는 뜻으로, 동사 앞에 놓여 미래를 나타내는 조동사야.

I shall never forget you. 나는 절대로 너를 잊지 않을 거야.
I shall go later. 나는 나중에 갈게.

그런데 앞에서 설명했듯이 미래를 나타낼 때 **shall**보다는 **will**을 많이 써. 따라서 미래를 나타내는 조동사는 **will**로 알아둬도 돼. 여기에서는 **shall**의 과거형인 **should**가 어떤 때 쓰이는지 알아보기로 해.

>> 1. 의무를 나타낼 때

should는 shall의 과거형이지만 '~해야 한다'라고 의무를 나타낼 때 많이 쓰여.

You should keep the rules. 너는 규칙을 지켜야 한다.
We should go to school. 우리는 학교에 가야 한다.

>> 2. 과거에 대한 유감이나 후회 등을 나타낼 때

should는 '~했어야 했다'는 뜻으로, 과거에 실행하지 못한 일에 대한 유감이나 후회를 나타낼 때도 쓰여. 다만 이때는 〈should + have + 과거분사〉의 꼴로 쓰이지.

You should have worked harder. 너는 좀더 열심히 일했어야 했어.
I should have closed the door. 내가 문을 닫았어야 했는데.

may

may는 '허락'이나 '추측' 또는 '기원문'에 사용하는 조동사야.

>> 1. 허락

may는 '~해도 좋다'라고 허락하는 뜻으로 쓰여. 의문문에 쓰이면 상대방에게 정중히 허락을 구하는 표현이 돼.

You may sit down. 앉아도 좋아.
May I come in? 들어가도 될까요?

>>2. 추측

may는 '~일지도 모른다'라고 추측하는 뜻으로도 쓰여.

The news may be true. 그 소식은 사실일지도 모른다.

He may not come. 그가 오지 않을지도 모른다.

>>3. 기원

may는 '~하소서'라고 기원하는 뜻으로도 쓰여.

May he live long! 만수무강 하소서!

May God bless you! 신의 축복이 있기를 기원합니다.

must

조동사 **must**는 '의무'나 '강한 추측'을 나타내는 경우에 쓰여.

>>1. 의무

must는 **should**처럼 '~해야 한다'라는 뜻으로, 의무를 나타낼 때 쓰여.

You must read this book. 너는 이 책을 읽어야 한다.

I must practice the piano. 나는 피아노 연습을 해야 한다.

>>2. 강한 추측

must는 '~임에 틀림없다'라는 뜻의 강한 추측을 나타낼 때도 쓰여.

She must be ill. 그녀는 아픈 게 틀림없어.

He must be busy today. 그는 오늘 바쁜 게 분명해.

* **may**와 **must**는 추측을 나타내는 조동사란 점에서는 같지만, 예문에서 보듯 '~임에 틀림없다'는 뜻의 **must**는 '~일지도 모른다'는 뜻의 **may**보다 훨씬 더 강한 추측을 나타낸다.

have to는 어떤 경우에 쓰나요?

원래 have는 '가지고 있다'는 뜻의 일반동사야. 하지만 여기에 to가 붙어 have to가 되면 '~해야 한다'는 뜻의 조동사로 변해. 그렇다면 have to는 똑같은 뜻을 가진 must와 바꿔 쓸 수 있을까? 물론 바꿔 쓸 수 있어. 다음과 같이 말이야.

I <u>have to</u> start now. = I <u>must</u> start now. 나는 지금 출발해야 한다.

조동사는 동사를 도와주는 동사로 다음과 같은 것들이 있다.

종류	뜻	예문
do	–	Do you like soccer? 너 축구 좋아하니?
can/could	~할 수 있었다	I can help him. 나는 그를 도울 수 있어.
will/would	~할 것이다	She will be back. 그녀는 돌아올 거야.
shall/should	~해야 한다	You should go on a diet. 너는 다이어트를 해야 해.
may	~해도 좋다	You may go there. 너는 거기에 가도 좋아.
must	~해야 한다	I must help him. 나는 그를 도와야만 해.

연습문제

1. 대화의 빈칸에 알맞은 말을 써 넣어보자.

    ① _____ you like fried chicken? 너 통닭 좋아해?

    Yes, I _____ . 응, 좋아해.

    No, I _____ _____ . 아니, 안 좋아해.

    ② _____ Bau have a bicycle? 바우는 자전거가 있니?

    Yes, he _____ . 응, 있어.

    No, he _____ _____ . 아니, 없어.

    ③ _____ you watch TV yesterday? 너 어제 텔레비전 봤니?

    Yes, I _____ . 응, 봤어.

    No, I _____ _____ . 아니, 안 봤어.

2. 조동사와 그 알맞은 뜻을 연결해 보자.

    ① can ·   · ⓐ ~일지도 모른다
    ② must ·   · ⓑ ~할 것이다
    ③ will ·   · ⓒ ~해야 한다
    ④ may ·   · ⓓ ~할 수 있다

3. ( ) 안에서 알맞은 것을 골라보자.

① Lulu can (speak, speaks) English. 루루는 영어를 말할 수 있어.

② He (may, must, can) go there. 그는 거기에 갈지도 몰라.

③ You (may, can, must) ask me the question. 나한테 질문해도 좋아.

④ We (will, can, must) get up early tomorrow. 우리는 내일 일찍 일어나야 해.

⑤ I (will, would, should) often play the violin when I was young.
나는 젊었을 때 자주 바이올린을 켜곤 했어.

정답 1. ① Do, do, do not 또는 don't ② Does, does, does not 또는 doesn't
③ Did, did, did not 또는 didn't
2. ① → ⓓ ② → ⓒ ③ → ⓑ ④ → ⓐ
3. ① speak *조동사 뒤에 오는 동사는 항상 동사원형이다. ② may *'~일지도 모른다' 라는 뜻의 추측을 나타낸다. ③ may *'~해도 좋다' 라는 뜻의 허락을 나타낸다. ④ must *'~해야 한다' 라는 뜻의 의무를 나타낸다. ⑤ would *'~하곤 했다' 라는 뜻으로, 과거의 불규칙한 습관을 나타낸다.

취직 면접(Job interview)

PART 2 동사의 세계를 정복하라

수동태
주어가 동작을 받는 서술 형식

Passive Voice

수동태 PASSIVE VOICE

"문은 나에 의해서 열렸다."
"나는 그에 의해서 가르쳐졌다."

여러분은 이런 말을 자주 사용해? 거의 안 하지? 자주 한다면 그 사람은 쉽고 편하게 살 수 있는 인생을 일부러 복잡하고 어렵게 사는 미련퉁이 바보일 거야. '나는 문을 열었다.', '그는 나를 가르쳤다.'라고 하면 간단하잖아. 말하기도 쉽고, 의미도 금방 전달되고 말이야.

사실 우리말에는 '문은 나에 의해서 열렸다.'라는 식의 문장이 거의 없어. 하지만 영어에는 이 같은 수동태 문장이 수두룩해. 수동태? 대체 수동태가 뭐냐고? 먼저 능동태에 대해 설명할게.

능동태란 '나는 문을 열었다'처럼 '주어가 ~하다'라고 말하는 형태야. 능동태에서는 주어가 동작을 행하는 행동의 주체가 되지. 하지만 수동태에서는 그렇지 않아. 주어가 스스로 동작을 하지 못하고 다른 누군가의 동작을 받게 돼. 그래서 수동태는 '주어가 ~에 의해서 …되어지다'라고 말하는 형식을 취하지. 예문을 통해 능동태와 수동태의 차이를 좀더 자세히 알아볼까?

ⓐ **Bau painted this picture.** 바우가 이 그림을 그렸다.
ⓑ **This picture was painted by Bau.** 이 그림은 바우에 의해서 그려졌다.

두 문장은 뜻은 같지만 주어가 동작을 행하느냐, 그렇지 않느냐에 따라 능동태와 수동태로 나뉘어져. ⓐ에서 주어인 **Bau**는 그림을 그리는, 즉 동작을 행하는 행동의 주체야. 그래서 이것은 능동태 문장이지. 그런데 ⓑ의 문장에서 주어인 **This picture**는 스스로 동작하지 않고 바우에 의해 동작을 받는 꼴을 취하고 있어. 그렇기 때문에 ⓑ는 수동태 문장인 거야. 이제 수동태가 뭔지 알았지? 그럼 수동태는 어떻게 만드는지부터 알아볼까?

수동태 만들기

수동태는 언뜻 보면 꽤나 복잡하고 어려운 것 같아. 하지만 몇 가지 만드는 방법을 알고 나면 아주 쉬워. 그럼 이제부터 수동태 만드는 방법을 배워보자고.

>>1. 능동태의 목적어를 주격으로 바꿔 주어로 만든다

I love her. 나는 그녀를 사랑한다.

이 문장은 능동태야. 여기에서 사랑하는 주체인 주어는 I나이고, 사랑을 받는 대상인 목적어는 her그녀이지. 이것을 수동태로 바꾸려면 어떻게 할까? 우선 사랑을 받는 목적어의 입장에서 말해야 하니까 목적어를 주격으로 바꿔야 해. her의 주격이 she라는 것쯤은 알고 있겠지?

목적어 her → 주어 she

>>2. 동사를 〈be동사 + 과거분사〉의 꼴로 바꾼다

목적어 her를 주어인 she로 내세웠으면, 이제 주어에 맞게 동사를 수동태 형식으로 바꾸어야 해. 수동태에서 동사는 〈**be**동사 + 과거분사〉의 꼴을 써. 이때 be동사는 수동태 주어의 인칭과 수에 맞게 써야 해. 그리고 수동태의 시제는 능동태의 시제와 일치시켜야 하지. 여기에서는 수동태의 주어가 She고, 시제가 현재이므로 동사는 어떻게 될까? is loved가 되겠지?

동사 love → be동사 + 과거분사 is loved

>>3. 능동태의 주어는 〈by + 목적격〉의 꼴로 바꾼다

마지막으로 능동태의 주어는 수동태에서 〈**by** + 목적격〉의 꼴로 바꾸어야 해. '누구에 의해' 라는 뜻으로 행위의 주체를 나타내 주는 것이지. 그럼 여기에서는 by me가 되겠네. 그렇지? 결국 지금까지 말한 규칙을 그대로 적용시켜 보면 수동태 문장은 다음과 같이 완성돼.

I love her. 나는 그녀를 사랑한다.
→ **She is loved by me.** 그녀는 나에 의해 사랑을 받는다.

수동태의 형식

능동태를 수동태로 만들려면 동사를 어떻게 바꾸어야 하지? 잘 모른다고? 〈be동사 + 과거분사〉의 꼴로 바꾸어야 한다고 했잖아? be동사는 또 주어의 인칭과 수, 그리고 시제에 맞게 고쳐야 한다고 했고 말이야. 그럼 시제가 과거일 때 수동태는 어떤 형태가 될까? 그리고 능동태에 조동사가 있으면 수동태로 고칠 때 어떻게 할까? 궁금하지? 궁금하면 아래를 잘 읽어봐.

>>1. 시제가 현재일 때 : 〈am(are, is) + 과거분사〉

She makes a pretty doll. 그녀는 예쁜 인형을 만든다.
➡ **A pretty doll is made by her.** 예쁜 인형은 그녀에 의해 만들어진다.

>>2. 시제가 과거일 때 : 〈was(were) + 과거분사〉

Lulu wrote those letters. 루루는 그 편지들을 썼다.
➡ **Those letters were written by Lulu.** 그 편지들은 루루에 의해 쓰여졌다.

>>3. 조동사가 있을 때 : 〈조동사 + be + 과거분사〉

Bau can play the piano very well. 바우는 피아노를 매우 잘 연주할 수 있다.
➡ **The piano can be played very well by Bau.**
　　피아노는 바우에 의해 매우 잘 연주될 수 있다.

주의해야 할 수동태

능동태를 수동태로 만들 때 다음과 같은 경우에는 특히 주의해야 해.

>> 1. 목적어가 두 개인 경우

목적어가 두 개인 문장이 있어. 4형식 문장이 그래. 간접목적어와 직접목적어가 있잖아. 목적어가 두 개면 수동태 문장도 두 개가 나올 수 있어. 목적어가 두 개인 문장을 수동태로 만들려면 목적어 중 하나를 주어로 삼고, 나머지 하나는 그냥 그 자리에 두면 돼. 그런데 직접목적어가 주어가 될 때에는 간접목적어 앞에 전치사 **to**나 **for**가 붙기도 해.

Bau gave me a present. 바우는 내게 선물을 주었다.
→ **I was given a present by Bau.** 나는 바우에 의해 선물을 받았다. [간접목적어 주어]
→ **A present was given to me by Bau.** 선물은 바우에 의해 내게 주어졌다. [직접목적어 주어]

>> 2. by 이외의 전치사를 쓰는 경우

능동태 문장을 수동태로 바꿀 때는 대부분 전치사 **by**를 써. 하지만 어떤 동사는 습관적으로 다른 전치사와 함께 쓰이는 경우가 있어. 여기에는 어떤 규칙이 있는 것이 아니야. 그렇기 때문에 하나씩 숙어처럼 외워두어야 해.

We were surprised at the news. 우리는 그 소식에 놀랐다.
Denis is interested in music. 데니스는 음악에 관심이 있다.
The top of the mountain is covered with snow all the year round.
그 산꼭대기는 일 년 내내 눈으로 덮여 있다.

Check Point

수동태 만드는 법
능동태의 목적어를 주격으로 바꿔 주어로 만든다. → 동사를 〈be동사 + 과거분사〉 꼴로 바꾼다. → 능동태의 주어는 〈by + 목적격〉 꼴로 바꾼다.

수동태의 형식
현재일 때 : 〈am(are, is) + 과거분사〉 | 과거일 때 : 〈was(were) + 과거분사〉
조동사가 있을 때 : 〈조동사 + be + 과거분사〉

연습문제

1. 수동태 문장이 되도록 ( ) 안의 낱말을 고쳐 써보자.

① This book is _____ by him. (write) 이 책은 그에 의해 쓰여졌다.

② The room was _____ yesterday. (clean) 그 방은 어제 청소되었다.

③ He was _____ by them. (praise) 그는 그들에 의해 칭찬 받았다.

2. 아래의 문장을 수동태로 바꾸어보자.

① They call him Peter Pan. → _____.
그들은 그를 피터팬이라고 부른다.   그는 그들에 의해 피터팬이라고 불린다.

② He opened the door. → _____.
그가 그 문을 열었다.   그 문은 그에 의해 열렸다.

③ You must look after this child. → _____.
너는 이 아이를 돌봐야 한다.   이 아이는 너에 의해서 돌봐져야 한다.

④ They speak English in Australia. → _____.
오스트레일리아에서는 사람들이 영어를 쓴다.   영어는 오스트레일리아에서 사용된다.

⑤ Lulu gave me a book. → _____.
루루는 내게 책 한 권을 주었다.   나는 루루에 의해 책 한 권을 받았다.

정답 1. ① written ② cleaned ③ praised
2. ① He is called Peter Pan by them. ② The door was opened by him. ③ This child must be looked after by you. *조동사가 있는 수동태는 〈조동사 + be + 과거분사〉의 꼴이다 ④ English is spoken in Australia (by them). *능동태의 주어가 일반 사람이거나 분명하지 않을 때는 〈by + 목적격〉을 생략하기도 한다 ⑤ I was given a book by Lulu. *a book을 주어로 하여 A book was given to me by Lulu.라고도 쓸 수 있다

미국 초등학교의 **school bus**학교 버스는 대부분 **yellow**노란색이다. 왜 그럴까?

① 눈에 잘 띄니까
② 어린이들이 노란색을 가장 좋아하므로
③ 버스 운전사들이 황인종(yellow race)이라서

노란색은 눈에 잘 띄기 때문에 그만큼 안전을 지킬 수 있다.

정답 ①

PART 2 동사의 세계를 정복하라

부정사
이것저것 다 하는 팔방미인

Infinitive

부정사 INFINITIVE

부정사가 뭘까? 잘 모르겠다고? 부정사란 정해지지 않은 품사란 뜻이야. 부정사는 원래 동사의 성질을 가지고 있는데, 문장 안에서 이런저런 품사로 쓰이며 여러 가지 역할을 해.

이를테면 부정사는 **명사**로 쓰여서 주어, 목적어, 보어 역할을 하기도 하고, **형용사**로 쓰여서 명사나 대명사를 꾸며 주는 역할도 하지. 또 어떤 때는 **부사**로 쓰여서 목적이나 원인, 결과 등을 나타내기도 해. 그래서 부정사를 한 마디로 말한다면 이것저것 다 하는 팔방미인이랄 수 있어. 어때, 이제 부정사가 뭔지 좀 이해가 되지? 부정사란 뜻은 알겠는데, 어떻게 쓰이는 것인지 잘 모르겠다고? 그럼 부정사에 대해 좀더 자세하게 알아볼까?

부정사 만들기

먼저 부정사를 만드는 방법부터 알아보자고. 부정사에는 to가 있는 **to**부정사와 **to**가 없는 원형부정사가 있어. 이 두 가지 부정사를 만드는 법은 아주 쉬워. **to**부정사는 동사원형 앞에 **to**만 붙이면 되고, 원형부정사는 동사원형을 그대로 쓰면 돼. 정말 쉽지?

〈부정사 만들기〉

to부정사 (to + 동사원형)	원형부정사 (동사원형)
to play	play
to eat	eat

to부정사의 쓰임

부정사는 명사, 형용사, 부사로 쓰인다고 했지? 이것은 주로 **to**부정사를 두고 하는 말이야. 원형부정사는 그 쓰임이 별로 많지 않아. 하지만 **to**부정사는 그 쓰임이 다양한데, 이제부터 하나하나 알아보자고.

>> 1. 명사로 쓰이는 경우
명사는 문장 안에서 주어, 목적어, 보어 역할을 해. 그렇다면 명사로 쓰이는 **to**부정사는 무슨 무슨 역할을 할까? 주어, 목적어, 보어 역할을 하겠지?

1) 주어 역할

to부정사가 주어 역할을 할 때는 주어자리에 놓여. 그리고 이때의 to부정사는 주어 역할을 하기 때문에 '~은/는, ~이, ~가'와 같은 주격조사를 붙여서 '~하는 것은, ~하기는'으로 해석해.

　　To swim is very interesting. 수영하는 것은 매우 재미있다.

2) 목적어 역할

to부정사가 목적어 역할을 할 때는 목적격 '~을/를'을 붙여서 '~하는 것을/를'로 해석해.

　　He likes to sing a song. 그는 노래 부르는 걸 좋아한다.

3) 보어 역할

to부정사가 보어 역할을 할 때는 주어나 목적어를 보충해서 설명하는 보어 자리에 놓여.

　　My hobby is to dance. 내 취미는 춤추는 것이다.
　　＊ to dance는 보어로 내 취미가 무엇인지 보충해서 설명해 준다.

>> 2. 형용사로 쓰이는 경우

형용사는 뭘 꾸며 주지? 명사와 대명사를 꾸며 준다고? 맞아. **to**부정사도 형용사로 쓰일 때는 명사와 대명사를 꾸며 줘. 이때는 '~하는, ~할'로 해석해.

　　It is time to go to school. 학교에 갈 시간이다.
　　＊ to go는 명사인 time을 꾸며 준다.

　　I want something to drink. 나는 마실 것을 원한다.
　　＊ to drink는 대명사인 something을 꾸며 준다.

>> 3. 부사로 쓰이는 경우

to부정사가 부사로 쓰이면 동사나 형용사 또는 부사를 꾸며 줘. 그리고 이때는 목적이나 원인, 결과 등을 나타내.

1) 목적을 나타낼 때

to부정사가 부사의 역할을 할 때는 목적을 나타내는 경우가 많은데, 이때는 보통 '~하기 위해'로 해석해.

　　He came here to see me. 그는 나를 만나기 위해 여기에 왔다.
　　* to see는 여기에 온 목적이 무엇인지를 나타낸다.

2) 원인·이유를 나타낼 때

이때는 보통 '~하니, ~해서'로 해석해.

　　I am glad to meet you. 너를 만나서 기쁘다.
　　* to meet는 기쁜 것에 대한 원인을 나타낸다.

3) 결과를 나타낼 때

이때는 '~해서 ~가 되다'로 해석해.

　　He grew up to become a pilot. 그는 커서 비행기 조종사가 되었다.
　　* to become은 커서 무엇이 되었는지 결과를 나타낸다.

원형부정사의 쓰임

앞에서도 말했듯 원형부정사는 **to** 없이 동사원형만으로 이루어진 부정사야. 이 원형부정사가 쓰이는 곳은 따로 정해져 있어. 바로 **지각동사와 사역동사 뒤**야. 그런데 지각동사는 뭐고, 사역동사는 또 뭐냐고? 이제부터 설명할게 잘 들어.

>> 1. 지각동사

지각동사는 **see** 보다 | **hear** 듣다 | **smell** 냄새 맡다 | **feel** 느끼다처럼 우리의 감각으

로 보고, 듣고, 느끼는 동사를 말해. 이 같은 지각동사는 목적어 다음에 동사가 올 경우 **to**가 없는 원형부정사를 써. 아래의 예문처럼 말이야.

I saw her cook. 나는 그녀가 요리하는 것을 보았다
* [see + 목적어 + 원형부정사]

>>2. 사역동사

사역동사는 **make**하게 하다 | **let**시키다 | **have**시키다처럼 남에게 무엇인가를 하게 하거나 시키는 동사를 말해. 이 같은 사역동사는 목적어 다음에 동사가 올 경우 원형부정사를 써. 아래의 예문처럼 말이야.

I had Bau clean his room. 나는 바우에게 그의 방을 청소하도록 시켰다.
* [have + 목적어 + 원형부정사]

>>3. 그 밖의 동사

지각동사나 사역동사가 아닌데도 원형부정사를 써 줘야 하는 경우가 있어.

I helped him solve the problem. 나는 그가 그 문제를 푸는 것을 도와주었다.
* [help + 목적어 + 원형부정사]

부정사 만드는 법
to부정사 → ⟨to + 동사원형⟩, 원형부정사 → 동사원형

to부정사의 쓰임
명사로 쓰여 **주어, 목적어, 보어** 역할을 한다. 형용사로 쓰여 **명사나 대명사를 꾸며** 준다. 부사로 쓰여 **목적, 원인, 결과** 등을 나타낸다.

Check Point 원형부정사를 쓰는 경우
⟨지각동사(see, hear, smell, feel 등) + 목적어 + 원형부정사⟩
⟨사역동사(make, let, have 등) + 목적어 + 원형부정사⟩

연습문제

1. 올바른 문장이 되도록 (   ) 안에서 알맞은 말을 골라보자.

   ① I want to (buy, buying, buys) a digital camera.
   나는 디지털 카메라를 사기를 원한다.

   ② He doesn't like to (goes, going, go) there.
   그는 거기에 가기를 좋아하지 않는다.

   ③ I have something (for, to, of) tell you. 너한테 말할 게 있다.

   ④ I saw him (to enter, enter) the shop.
   나는 그가 그 가게로 들어가는 것을 보았다.

2. 다음의 to부정사는 무엇으로 쓰였는지 보기에서 골라 써보자.

   보기 명사   형용사   부사

   ① **To tell** a lie is wrong. →
   거짓말하는 것은 나쁘다.

   ② I have something **to eat.** →
   나는 먹을 것이 좀 있다.

   ③ We went there **to buy** a computer. →
   우리는 컴퓨터를 사기 위해 거기에 갔다.

3. 다음은 틀린 문장들이다. 바르게 고쳐 써보자.

① **My dream is be a doctor.** 내 꿈은 의사가 되는 것이다.
→ _____ .

② **We eat live.** 우리는 살기 위해 먹는다.
→ _____ .

③ **I heard you to come in.** 나는 네가 들어오는 것을 들었다.
→ _____ .

④ **He made me doing errands.** 그는 내게 심부름을 시켰다.
→ _____ .

정답 1. ① **buy** *to buy는 명사로 쓰이는 부정사이다. ② **go** *to go는 명사로 쓰이는 부정사이다. ③ **to** * to tell은 형용사로 쓰이는 부정사이다. ④ **enter** *지각동사 다음에는 원형부정사를 쓴다.
2. ① 명사 *to tell은 주어 역할을 한다. ② 형용사 *to eat은 대명사인 something을 꾸며 준다. ③ 부사 * to buy는 목적을 나타낸다.
3. ① **My dream is to be a doctor.** *여기서 to부정사(to be)는 명사로 쓰이며 보어 역할을 한다. ② **We eat to live.** *'~하기 위해'란 뜻의 to부정사는 부사로 쓰이며 목적을 나타낸다. ③ **I heard you come in.** *지각동사 hear 다음에는 원형부정사가 온다. ④ **He made me do errands.** *make는 '시키다'라는 뜻의 사역동사이므로 뒤에 원형부정사가 온다.

약국(Drugstore)에서

PART 2 동사의 세계를 정복하라

동사에서 명사로 변신 동명사

Gerund

동명사 GERUND

 동명사란 원래는 동사이던 것이 명사로 변신한 것을 말해. 동명사는 언뜻 보면 동사인 것 같아. 하지만 문장 안에서 명사로 쓰여. 그리고 우리말로 나타내면 '~하기, ~하는 것'이지. 동사가 명사로 변한 것에는 두 가지가 있어. 하나는 바로 앞에서 배운 부정사이고, 또 하나는 여기에서 배울 동명사이지. 자, 그럼 동명사에 대해 하나하나 자세히 알아볼까?

동명사 만들기

동명사를 만드는 법은 아주 쉬워. 동사원형에 **ing**만 붙이면 돼. 그런데 여기에도 일정한 규칙이 있어.

★ 대부분은 일반동사의 원형에 ing를 붙여.
　talk말하다 → talking　　　open열다 → opening

★ 동사가 e로 끝나면 e를 빼고 ing를 붙여.
　love사랑하다 → loving　　　dance춤추다 → dancing

★ 동사가 y로 끝나면 그대로 ing를 붙여.
　study공부하다 → studying　　　play놀다 → playing

★ 〈단모음 + 단자음〉으로 끝나는 동사는 마지막 자음을 겹쳐 쓰고 ing를 붙여.
　stop멈추다 → stopping　　　cut자르다 → cutting
　단, 다음과 같은 동사는 예외야.
　help돕다 → helpping (×) / helping (○)

동명사의 쓰임

앞에서 동명사는 명사로 쓰인다고 했지? 명사는 문장 속에서 무슨 무슨 역할을 할까? 주어, 목적어, 보어 역할을 한다고? 와, 엄청 똑똑한데! 그럼 동명사도 주어, 목적어, 보어 역할을 하겠네? 당연하다고? 맞아. 당연한 얘기야. 동명사는 명사로 쓰이는 만큼 **주어, 목적어, 보어 역할**을 해. 그럼 하나씩 살펴볼까?

>>1. 주어 역할
동명사가 문장 맨 앞의 주어자리에 와서 '~하는 것은'으로 해석돼.

Walking is good for health.걷는 것은 건강에 좋다.

>> 2. 목적어 역할

이때는 동명사가 동사 뒤에 와.

They stopped fighting. 그들은 싸우는 것을 멈췄다.

>> 3. 보어 역할

이때는 동명사가 be동사 뒤에 와.

My hobby is drawing **pictures.** 내 취미는 그림을 그리는 것이다.

동명사도 전치사와 함께 쓰일 수 있나요?

전치사는 항상 명사와 함께 쓰인다고 배웠어. 그렇다면 명사로 쓰이는 동명사도 전치사와 함께 쓰일 수 있을까? 물론이야. 전치사 뒤에 오는 명사를 전치사의 목적어라고 하는데, 동명사도 전치사 뒤에 와서 전치사의 목적어가 될 수 있어. 아래의 예문처럼 말이야.

Thank you for inviting me. 초대해줘서 고마워.
* 앞에 있는 전치사 for의 목적어

Bau is interested in playing the piano. 바우는 피아노 치는 것에 관심이 있다.
* 앞에 있는 전치사 in의 목적어

동사에 따른 동명사와 부정사의 쓰임

동명사와 부정사는 모양은 달라도 명사로 쓰인다는 점에서는 같아. 둘 다 '~하는 것'으로 해석되고 말이야. 그런데 이 둘이 서로 다른 때가 있어. 둘 다 동사의 뒤에서 목적어로 쓰일 때가 있는데, 이때가 다른 거야. 왜 다르냐고? 아래처럼 목적어로 동명사만 쓰는 동사가 있는가 하면 부정사만 쓰는 동사가 있기 때문이야.

>>1. 동명사만을 목적어로 쓰는 동사

여기에는 **enjoy** 즐기다 | **finish** 끝내다 | **mind** 꺼리다 | **stop** 멈추다 등이 있어.

We enjoyed watching TV yesterday. 우리는 어제 텔레비전 보는 것을 즐겼다.
He stopped talking. 그는 이야기를 멈췄다.

>>2. 부정사만을 목적어로 쓰는 동사

여기에는 **wish** 바라다 | **want** 원하다 | **expect** 기대하다 | **hope** 희망하다 | **decide** 결심하다 등이 있어.

I wish to go to England. 나는 영국에 가기를 바란다.
She has decided to be a cook. 그녀는 요리사가 되기로 결심했다.

>>3. 동명사와 부정사를 모두 목적어로 쓰는 동사

동명사와 부정사를 모두 목적어로 쓰는 동사가 있어. **begin** 시작하다 | **love** 사랑하다 | **start** 시작하다 | **continue** 계속하다 등이 여기에 해당돼.

He began eating. = He began to eat. 그는 먹기 시작했다.
I love reading books. = I love to read books. 나는 책 읽기를 좋아한다.

> 동명사의 꼴은 〈동사원형 + ing〉이다.
> 동명사는 명사로 쓰여 **주어, 목적어, 보어, 전치사의 목적어** 역할을 한다.
> 동사에는 동명사만을 목적어로 쓰는 것(enjoy, finish, mind, stop 등)이 있고, 부정사만을 목적어로 쓰는 것(wish, want, expect, hope, decide 등)이 있으며, 동명사와 부정사를 모두 목적어로 쓰는 것(begin, love, start, continue 등)이 있다.

Check Point

연습문제

정답 1. ① ○ * like는 동명사와 부정사를 모두 목적어로 쓰는 동사이다. 따라서 **playing** 대신 **to play**를 써도 된다. ② × * enjoy는 동명사를 목적어로 쓰는 동사이다. 따라서 **to travel**을 **traveling**으로 고쳐야 한다. ③ ○ * 동명사가 be동사 뒤에 와서 보어로 쓰인 경우이다. ④ × * want는 부정사를 목적어로 쓰는 동사이다. 따라서 **being**을 **to be**로 고쳐야 한다. ⑤ ○ * 동명사가 전치사의 목적어로 쓰인 경우로서, **calling**은 전치사 **for**의 목적어이다. ⑥ ○ * continue는 동명사와 부정사를 모두 목적어로 쓰는 동사이다. 따라서 **to talk** 대신 **talking**을 써도 된다.
2. ① **writing** * finish는 동명사를 목적어로 쓰는 동사이다. ② **to see** * hope는 부정사를 목적어로 쓰는 동사이다. ③ **to buy** * decide는 부정사를 목적어로 쓰는 동사이다. ④ **smoking** * stop은 '멈추다, 그만두다'의 뜻일 때 동명사를 목적어로 쓴다.

연습문제

1. 올바른 문장에는 ○표, 틀린 문장에는 ×표를 해 보자.

   ① I like playing the piano. (   ) 나는 피아노 치는 것을 좋아한다.
   ② He doesn't enjoy to travel. (   ) 그는 여행하는 것을 좋아하지 않는다.
   ③ His job is selling cars. (   ) 그의 직업은 자동차를 파는 것이다.
   ④ She wants being a teacher. (   ) 그녀는 선생님이 되기를 원한다.
   ⑤ Thank you for calling me. (   ) 전화해 줘서 고마워.
   ⑥ He continued to talk. (   ) 그는 이야기를 계속했다.

2. 보기에서 알맞은 동사를 골라 문장에 맞게 모양을 바꿔 빈칸에 넣어보자.

   보기 buy   write   smoke   see

   ① Lulu finished _____ the letter. 루루는 편지 쓰기를 끝냈다.
   ② I hope _____ you again. 나는 당신을 다시 만나기를 바란다.
   ③ Bau decided _____ an MP3 player. 바우는 MP3 플레이어를 사기로 결심했다.
   ④ Daddy stopped _____ . 아빠는 담배를 끊으셨다.

   ← 정답은 앞 장에

PART 2 동사의 세계를 정복하라

동사와 형용사가 하나로 — 분사

분사 PARTICIPLE

앞에서 동명사는 동사가 명사로 변신한 것이라고 했지? 여기에서 배울 분사도 동사가 변신한 거야. 즉, 동사에 ing 또는 ed란 꼬리가 달린 모습으로 변신했다고 보면 돼.

그렇다면 분사는 어떤 역할을 할까? 크게 두 가지야. 분사는 형용사처럼 쓰여 **사물의 상태**를 나타내기도 하고, 동사처럼 쓰여 **사물의 동작**을 나타내기도 해. 그러니까 동사와 형용사가 하나로 된 것이 분사라고 할 수 있지. 분사에는 **현재분사와 과거분사**, 이렇게 두 종류가 있어. 그럼 분사는 어떻게 만드는지부터 알아볼까?

분사 만들기

앞에서 이야기 했던 것처럼 분사는 두 종류가 있는데, 현재분사는 〈동사원형+ing〉, 과거분사는 〈동사원형+ed〉 형태야. 아주 간단하지?

>>1. 현재분사 : 〈동사원형 + ing〉

먼저 현재분사는 동사원형에 ing를 붙여서 만들어. 앞에서 배운 동명사와 만드는 법이 똑같다고? 그래, 맞아. 동명사 만드는 법과 똑같아. 하지만 문장에서 명사처럼 쓰이는 동명사와 달리 현재분사는 다음과 같이 **능동과 진행의 의미**로 쓰여.

the barking dog 짖고 있는 개 [능동]
The baby is crying. 아이가 울고 있다. [진행]

>>2. 과거분사 : 〈동사원형 + ed〉

과거분사의 꼴은 어떻게 만들지? 동사원형에 ed를 붙여서 만들잖아? 처음 듣는 말이라고? 이거 피곤한데 ^-^. 앞에서도 배웠지만 과거분사는 동사원형에 ed를 붙여서 만들어. 그런데 불규칙하게 변하는 것들도 있으므로 주의해야 해. 과거분사는 다음과 같이 **수동과 완료의 의미**로 쓰여.

a baked potato 구워진 감자 [수동]
I have visited him once. 나는 그를 한 번 방문했다. [완료]

현재분사의 쓰임

현재분사는 진행형을 만들 때 사용되는 경우가 많아. 그런데 능동적 의미로 명사의 앞이나 뒤에 와서 명사를 꾸며 주는 형용사처럼 쓰이기도 해.

>>1. 진행형으로 쓰이는 경우

이때는 be동사와 결합하여 동사의 진행 상태를 나타내. 여기에는 현재진행(be동사 + 현재분사)과 과거진행(be동사의 과거형 + 현재분사) 두 가지가 있어.

Bau is sleeping on his bed. 바우는 그의 침대에서 자고 있다. [현재진행]
He was washing his car when I arrived.
내가 도착했을 때 그는 그의 차를 닦고 있었다. [과거진행]

>>2. 형용사로 쓰이는 경우

이때는 현재분사가 명사의 앞이나 뒤에 와서 명사를 꾸며 줘. 또 주격보어로 쓰여 주어를 설명해 주기도 하고, 목적격보어로 쓰여 목적어를 설명해 주기도 해.

1) 명사 앞 (현재분사 + 명사)

A rolling stone gathers no moss. 구르는 돌에는 이끼가 끼지 않는다.
* 현재분사 rolling은 뒤의 명사 stone을 꾸며 준다.

2) 명사 뒤 (명사 + 현재분사)

I know the boy sleeping on the bed. 나는 침대에서 자고 있는 그 소년을 안다.
* 현재분사 sleeping은 앞의 명사 boy를 꾸며 준다.

3) 주어 설명 (주격 보어)

He sat watching TV. 그는 TV를 보면서 앉아 있었다
* 현재분사 watching은 주어 he가 어떤 것을 하고 있는지 설명해 준다.

4) 목적어 설명 (목적격 보어)

I saw her playing the violin. 나는 그녀가 바이올린을 연주하고 있는 것을 보았다.
* 현재분사 playing은 목적어인 her가 어떤 것을 하고 있는지 설명해 준다.

과거분사의 쓰임

과거분사는 앞에서 배운 동사의 **완료시제**나 **수동태 문장**을 만들 때 쓰이는 거야.

>>1. 완료시제로 쓰이는 경우

완료시제에 대해서는 앞에서 배웠으니까 굳이 설명하지 않아도 알 거야. 그래도 복습하는 의미에서 다시 한번 정리해 볼까?

1) 현재완료 : have(has) + 과거분사

I have lived here for two years. 나는 2년째 여기에 살고 있다.

2) 과거완료 : had + 과거분사

She had left Seoul before I arrived. 내가 도착하기 전에 그녀는 서울을 떠났다.

>>2. 수동태로 쓰이는 경우

이것도 앞에서 배웠으니까 잘 알겠지만, 과거분사는 **be**동사와 결합하여 수동태 문장을 만들기도 해.

The dog is called Bau. 그 개는 바우라고 불린다.

>>3. 형용사로 쓰이는 경우

과거분사도 현재분사처럼 형용사로 쓰여. 그래서 명사의 앞이나 뒤에 와서 명사를 꾸며 주기도 하고, 주격보어로 쓰여 주어를 설명해 주거나 목적격보어로 쓰여 목적어를 설명해 주기도 해.

1) 명사 앞 (과거분사 + 명사)

That is a broken radio. 저것은 고장난 라디오이다.
* 과거분사 broken은 뒤의 명사 radio를 꾸며 준다.

2) 명사 뒤 (명사 + 과거분사)

Bau is the dog loved by them. 바우는 그들에게 사랑 받는 개이다.
* 과거분사 loved는 앞의 명사 dog을 꾸며 준다.

3) 주어 설명 (주격보어)

He feels tired all the time. 그는 늘 피곤함을 느낀다.
* 과거분사 tired는 주어 he가 어떤 상태인지를 설명해 준다.

4) 목적어 설명 (목적격보어)

I found my watch stolen. 나는 내 시계를 도둑맞았다는 것을 알았다.
* 과거분사 stolen은 목적어인 watch가 어떻다는 것을 설명해 준다.

현재분사와 동명사는 어떻게 구별하나요?

현재분사와 동명사는 동사원형에 ing가 붙는 것으로 모양이 똑같아. 그래서 자칫 헷갈릴 수 있어. 그렇다면 어떻게 구별하냐고? 해석해 보면 돼. 현재분사는 동사의 진행형이나 형용사로 쓰이기 때문에 '~하고 있는'으로 해석이 되는 경우가 많아. 반면에 동명사는 명사로 쓰이기 때문에 '~하는 것'으로 해석이 되지. 아래의 예문을 볼까?

He is climbing Mt. Baekdo. 그는 백두산을 등반하고 있다. [현재분사]
His dream is climbing Mt. Baekdo. 그의 꿈은 백두산을 등반하는 것이다. [동명사]

첫 번째 예문의 climbing은 '~하고 있는'으로 해석이 되기 때문에 동사의 진행형을 나타내는 현재분사야. 반면에 두 번째 예문의 climbing은 '~하는 것'으로 명사처럼 해석이 돼. 따라서 동명사임을 알 수 있어.

분사는 **동사원형**에 **ing** 또는 **ed**를 붙여 만든 것이다.
현재분사(동사원형 +ing)는 동사의 **진행형과 형용사**로 쓰인다.
과거분사(동사원형 + ed)는 **완료시제, 수동태, 형용사**로 쓰인다.
현재분사나 과거분사가 형용사로 쓰일 때는 명사의 앞이나 뒤에 와서 **명사를 꾸미기도 하고, 주격 보어와 목적격 보어의 역할**을 하기도 한다.

연습문제

정답 1. ① **sleeping** *⟨be동사 + 현재분사⟩의 꼴로 현재진행을 나타낸다. ② **crying** *현재분사가 형용사로 쓰여 명사 앞에서 명사를 꾸며 주는 경우이다. ③ **used** *과거분사가 형용사로 쓰여 명사 앞에서 명사를 꾸며 주는 경우이다. **used**는 '사용된'이란 뜻으로 결국 중고를 가리킨다. ④ **broken** * 과거분사가 형용사로 쓰여 명사를 꾸며 주는 경우이다. ⑤ **playing** *현재분사가 목적격보어로 쓰인 경우이다.

2. ① 현 *여기에서 **sleeping**은 형용사로 쓰여 명사인 **baby**를 꾸며 준다. ② 동 *현재분사는 진행이나 상태를 나타내는데 비해 동명사는 목적이나 용도를 나타낸다. 여기에서 **sleeping car**는 '자고 있는 자동차'가 아니라 '잠자기 위해 만든 자동차'란 뜻이다. 따라서 목적과 용도를 나타내므로 **sleeping**은 동명사이다. ③ 현 *'~하고 있는'이라고 해석되는 진행을 나타내므로 **raising**은 현재분사이다. ④ 동 *여기에서는 **raising**이 '~하는 것'이라고 명사처럼 해석이 되므로 동명사이다. 동명사가 **be**동사 뒤에 와서 보어 역할을 하고 있다.

177

연습문제

1. 올바른 문장이 되도록 ( ) 안에서 알맞은 낱말을 골라보자.

   ① The baby is (sleep, sleeping, slept). 아기가 자고 있다.
   ② Look at the (cry, crying, cried) boy. 울고 있는 소년을 보아라.
   ③ I got a (use, using, used) camera. 나는 그에게서 중고 카메라를 얻었다.
   ④ I saw a (break, broke, broken) cup. 나는 깨진 컵을 보았다.
   ⑤ I heard him (playing, played) the guitar.
      나는 그가 기타를 치는 소리를 들었다.

2. 밑줄 친 부분이 현재분사이면 '현', 동명사이면 '동' 이라고 써 보자.

   ① Look at the sleeping baby. 자고 있는 아기를 보아라.
              (   )
   ② This is a sleeping car. 이것은 침대차이다.
              (   )
   ③ He is raising an iguana. 그는 이구아나를 기르고 있다.
           (   )
   ④ His hobby is raising iguanas. 그의 취미는 이구아나를 기르는 것이다.
                  (   )

← 정답은 앞 장에

178

Take a break

소원(Wish)

PART 3

제2부 심화편

영문법의 뼈와 살이 되는 것들

역시 영문법 뼈다귀 전문은 바우야~ 크ㅋㅋ

영문법의 뼈와 살이 되는건 바우한테 맡겨봐!

PART 3 영문법의 뼈와 살이 되는 것들

이것저것 물어보는 말
의문사

Interrogative

의문사 INTERROGATIVE

여기까지 공부한 여러분은 이제 영문법에 자신이 붙었을 거야. 어때, 영문법, 이제 자신있지? 아무튼 여기까지 공부한 여러분은 정말 훌륭해. 왜냐고? 대부분 사람들은 처음 부분만 하다가 도중에 흐지부지 그만두잖아. 그런데 여러분은 여기까지 꾸준하게 공부해 왔으니 훌륭할 수밖에. 여러분의 노력과 끈기에 박수를 칠게. 짝짝짝~! 이제 몇 가지만 더 공부하면 영문법의 기초는 거의 마스터한 셈이 돼.

제3장에서는 앞에서 미처 다루지 않은 것들을 모아 공부할 거야. 맨 마지막 장에서 다루는 것이니까 별로 중요하지 않을 것 같다고? **Oh, no!** 그렇지 않아. 이제부터 공부할 내용도 아주 중요한 거야. 어느 것 하나 버릴 수 없는, 영문법의 뼈와 살이 되는 것들이라고. 자, 그럼 하나씩 공부해 볼까?

궁금해서 물어보는 문장을 뭐라고 하지? 설마 모른다고 하지는 않겠지. 의

문문이라고? 딩동댕~! 맞았어. 그럼 의문사는 뭘까? 잘 모르겠다고? 의문사란 뭔가를 물어볼 때 쓰는 말로 who누가 | what무엇 | which어느 것 | when언제 | where어디 | why왜 | how어떻게 같은 것들이야. 그리고 의문사는 보통 문장의 맨 앞에서 의문문을 만들어. 그래서 〈의문사 + 동사 + 주어?〉 형식으로 쓰이지. 그런데 의문사가 있는 의문문은 Yes나 No로 대답할 수 없어. 왜냐고? 예를 들어 의문사 what을 써서 What did you eat?너 뭐 먹었니?라고 물었는데, Yes, I did.응, 나는 먹었어.라고 대답하면 말이 돼? 안 되지? 그래. "나는 ~을(를) 먹었다"라고 대답해야 말이 되는 거야.

의문사는 쓰임에 따라서 의문대명사, 의문형용사, 의문부사 이렇게 세 가지로 나눌 수 있어. 그럼 하나하나 그 쓰임에 대해서 알아볼까?

의문대명사

의문대명사는 대명사 역할을 하는 의문사를 말해. 여기에는 who, what, which 등이 있어.

>>1. Who
who는 '누구'라는 뜻으로 사람의 이름이나 신분을 물을 때 써.

Who is the boy? 그 소년은 누구야?
→ **He is my cousin, Daniel.** 내 사촌 다니엘이야.

>>2. What
what은 '무엇'이라는 뜻으로 사물이나 사람의 행동, 직업을 물을 때 써.

183

What **do you want?** 넌 뭘 원해?
➡ **I want a puppy.** 난 강아지를 원해.

조동사 역할을 하는 **do**는 인칭이나 시제에 따라서 변한다는 것 알고 있지? 3인칭 단수면 **does**, 과거시제면 **did**를 쓰잖아.

What **does she study?** 그녀는 뭘 공부하니?
What **did you see at the zoo?** 넌 동물원에서 뭘 봤니?

>>3. Which

which는 '어느 것' 이란 뜻으로 사람이나 사물을 선택하는 의문문에서 사용해.

Which **do you like better, beef or chicken?** 너는 소고기와 닭고기 중 어느 것을 더 좋아하니?
➡ **I like chicken.** 나는 닭고기를 좋아해.

의문형용사

what, which 같은 의문사 다음에 명사가 오면 이것들은 의문형용사야. 의문사라 할지라도 명사 앞에서 명사를 꾸며 주면 형용사가 되는 거야.

>>1. What

What **color is your bike?** 네 자전거는 무슨 색깔이니?
➡ **It's red.** 빨간색이야.
　* what은 '무슨' 이란 뜻으로 color를 꾸며 주는 의문형용사다.

>>2. Which

Which fruit do you like best? 어떤 과일을 가장 좋아하니?

→ **I like oranges best.** 오렌지를 가장 좋아해.
  * which는 '어느' 또는 '어떤'이란 뜻으로 fruit를 꾸며 주는 의문형용사다.

의문부사

의문부사란 의문사가 부사 역할을 하는 것으로 보통 장소, 시간, 방법 등을 물을 때 사용해. 그리고 의문부사에는 **when, where, why, how** 등이 있어.

>>1. When

when은 '언제'라는 뜻으로 시간을 물을 때 써.

When is your birthday? 네 생일은 언제니?

→ **It's February 15.** 2월 15일이야.

>>2. Where

where는 '어디에'라는 뜻으로 장소를 물을 때 써.

Where were you born? 넌 어디에서 태어났니?

→ **I was born in Seoul.** 서울에서 태어났어.

>>3. Why

why는 '왜'라는 뜻으로 이유를 물을 때 써. **Why~?**로 묻는 의문사의 대답은 보통 **because**로 시작해.

Why are you late?왜 늦었니?
→**Because I got up late.**늦게 일어났기 때문이에요.

>>4. How

how는 '어떻게'라는 뜻으로 상태나 방법을 물을 때 써.

How is your father?아버지께서는 어떠시니?
→**He is fine.**건강하세요.

〈how + 형용사〉도 의문사 역할을 하나요?

how는 '어떻게'라는 뜻으로만 쓰이진 않아. how 다음에 **old, tall, high, long, many, much** 같은 형용사가 오면, 함께 의문사 역할을 해. 그리고 이때 how는 정도를 나타내는 '얼마나'라는 뜻이야.

How old are you?나이가 얼마나 되니?(몇 살이니?)
How tall is he?그는 키가 얼마나 되니?
How long is your hair?머리가 얼마나 길어?

정도를 물을 때 How many~?와 How much~?를 자주 쓰는데, 이 둘은 쓰임이 약간 달라. How many~?는 수를 물을 때 쓰며 반드시 뒤에 복수명사가 와야 해. 반면에 How much~?는 양을 물을 때 쓰며 뒤에 반드시 단수명사가 와야 하지.

How many books do you have?책이 얼마나 있니?
How much money do you need?돈이 얼마나 필요하지?

Check Point

의문대명사는 who누구 | what무엇 | which어느 것 등이 있고 대명사 역할을 한다.
what, which 같은 것들이 명사 앞에 와서 명사를 꾸며 주면 의문형용사이다.
의문부사는 when언제 | where어디 | why왜 | how어떻게 등이 있고 부사 역할을 한다.

연습문제

1. ( ) 안에서 알맞은 의문사를 골라보자.

   ① (What, When) did you eat for lunch?점심으로 뭘 먹었니?
   ② (Which, Where) does she live?그녀는 어디에 살아?
   ③ (Why, What) is the baby crying?왜 아기가 울고 있니?
   ④ (Who, When) do you go to bed?넌 언제 자니?
   ⑤ (How, Where) do you go to school?학교는 어떻게 가니?

2. 보기에서 알맞은 의문사를 골라 (   ) 안에 써 넣어보자.

   보기 Where   Which   What   How   Who

   ① (   ) is your favorite singer?네가 좋아하는 가수가 누구니?
   ② (   ) season do you like best?넌 어떤 계절을 가장 좋아하니?
   ③ (   ) did you buy it?너 그거 어디서 샀니?
   ④ (   ) is the weather?날씨는 어떠니?
   ⑤ (   ) movie did you see?넌 무슨 영화를 봤니?

3. (   ) 안에 many나 much 중 알맞은 것을 넣어보자.

   ① How (   ) friends do you have?넌 친구가 몇 명이니?
   ② How (   ) time do you need?시간이 얼마나 필요하니?

   정답은 다음 장에 ➡

187

Take a break

고양이 목에 방울 달기

연습문제

정답 1. ① **What** * what은 '무엇'이란 뜻의 의문대명사이다. ② **Where** * where는 '어디에'란 뜻의 의문부사이다. ③ **Why** * why는 '왜'란 뜻의 의문부사이다. ④ **When** * when은 '언제'라는 뜻의 의문부사이다. ⑤ **How** * how는 '어떻게'란 뜻의 의문부사이다.

2. ① **Who** * '누구'라는 뜻에 해당되는 의문대명사는 who이다. ② **Which** * '어떤'이란 뜻으로 뒤의 명사를 꾸며 줄 때는 의문형용사 which를 쓴다. ③ **Where** * '어디서'라는 뜻으로 장소를 물을 때는 의문부사 where를 쓴다. ④ **How** * '어떻게'란 뜻으로 상태를 물을 때는 의문부사 how를 쓴다. ⑤ **What** * '무슨'이란 뜻으로 뒤의 명사를 꾸며 줄 때는 의문형용사 what을 쓴다.

3. ① **many** * How many~?는 수를 물을 때 쓰며 뒤에 복수명사가 온다. ② **much** * How much~?는 양을 물을 때 쓰며 뒤에 단수명사가 온다.

PART 3 영문법의 뼈와 살이 되는 것들

비교할 때 쓰는 표현 비교

COMPARISON

비교란 두 가지, 또는 세 가지 이상의 것들을 서로 견주어 보는 것을 말해. '이것이 더 좋다, 그녀가 더 날씬하다, 그가 우리 중에서 가장 키가 크다.' 이런 말들은 모두 비교를 나타내는 표현들이지. 이런 표현들에서도 알 수 있듯, 비교를 하려면 우선 비교할 수 있는 대상의 공통점이 있어야 해. 그러니까 성질이나 정도, 수량 등에서의 공통점이 있어야 하는데, 이때문에 형용사와 부사가 비교 대상으로 쓰여. 그리고 형용사와 부사는 비교의 정도에 따라 원급 → 비교급 → 최상급 이렇게 3단계로 나누어지지. 자, 그럼 하나씩 공부해 볼까?

원급

원급이란 형용사와 부사의 원래 형태를 말해. 원급은 둘을 비교하여 서로 동등함을 나타낼 때 쓰이는데, 'A와 B는 같다' 또는 'A는 B만큼 ~하다' 라는 뜻으로 많이 쓰여. 그리고 형태는 〈as + 형용사(부사)의 원급 + as〉야.

John is as tall as Steve. 존은 스티브와 키가 같다.
He works as hard as his father. 그는 그의 아버지만큼 열심히 일한다.

비교급

비교급이란 원급에 er이 붙은 형태를 말해. 비교급은 둘을 비교하여 하나가 더 위에 있다는 것을 나타낼 때 써. 우리말로는 '~보다 더 ~하다' 라는 뜻이야. 비교급의 형태는 〈비교급 + than〉으로 나타내.

She is younger than Jessica. 그녀는 제시카보다 더 젊다.
You are faster than me. 너는 나보다 더 빠르다.

비교를 강조하고 싶을 때는 비교급 앞에 much, far, even, still 등을 넣어 주면 돼.

This is much bigger than that. 이것은 저것보다 훨씬 더 크다.

최상급

최상급이란 원급에 **est**가 붙은 형태를 말해. 최상급은 셋 이상의 것을 비교하여 가장 으뜸이 된다는 표현을 하고 싶을 때 써. 우리말로는 '~중에서 가장 ~하다'라는 뜻이야. 형용사의 최상급 앞에는 항상 **the**가 붙어. 최상급의 문장 형태는 〈**the** + 최상급 + **of** + 복수명사〉야.

Jane is the youngest of the five. 제인은 다섯 명 중에서 가장 나이가 어리다.
You are the fastest of us. 네가 우리 중에서 가장 빠르다.

비교급과 최상급의 규칙변화와 불규칙변화

비교급과 최상급은 아래와 같이 규칙적으로 변하기도 하고, 불규칙적으로 변하기도 해. 규칙변화는 몇 가지로 정해져 있기 때문에 별로 어렵지 않아. 하지만 불규칙변화는 그야말로 불규칙한 것이기 때문에 하나하나 외워둬야 해. 그럼 규칙변화와 불규칙변화를 알아볼까?

>> **1. 규칙변화**
비교급과 최상급은 대체로 다음과 같이 규칙적으로 변해.

★ 형용사와 부사 원형에 비교급에는 **er** 또는 **r**, 최상급에는 **est** 또는 **st**를 붙여.
　long긴 - long**er** - long**est**
　large거대한 - larg**er** - larg**est**

191

★ 〈자음+ y〉로 끝나는 단어는 y를 i로 고치고 비교급에는 er, 최상급에는 est를 붙여.
happy행복한 - happier - happiest
easy쉬운 - easier - easiest

★ 〈단모음 + 자음〉으로 끝나는 단어는 끝의 자음을 한 번 더 쓰고 비교급에는 er, 최상급에는 est를 붙여.
big큰 - bigger - biggest
hot뜨거운 - hotter - hottest

★ ful, able, less, ous, ive 등으로 끝나는 단어나 3음절 이상의 단어는 비교급의 경우에는 그 앞에 more, 최상급의 경우에는 그 앞에 most를 붙여.
famous유명한 - more famous - most famous
beautiful아름다운 - more beautiful - most beautiful

비교급과 최상급을 앞에서 설명한 두 가지 방식 모두를 사용하는 단어들도 있나요?

그런 단어들이 있긴 해. 다음과 같은 단어들은 ① 〈er, est〉 ② 〈more, most〉를 붙여 쓰기도 하지
angry화난 - angrier(more angry) - angriest(most angry)
common흔한 - commoner(more common) - commonest(most common)
pleasant유쾌한 - pleasanter(more pleasant) - pleasantest(most pleasant)

>>2. 불규칙변화

다음과 같은 것들은 정해진 규칙 없이 불규칙하게 변해.

good좋은 - better - best
well훌륭하게, 건강한 - better - best
bad나쁜 - worse - worst
many/much많은 - more - most
little적은 - less - least

그리고, 같은 단어라도 뜻에 따라서 비교급과 최상급의 변화가 달라지는 것들이 있어.

old ┌ older - oldest낡은, 늙은
    └ elder - eldest손위의

late ┌ later - latest시간이 늦은
     └ latter - last순서가 늦은

far ┌ farther - farthest거리가 먼
    └ further - furthest정도가 먼

Check Point — 비교급과 최상급 만들기

비교급에는 er 또는 r, 최상급에는 est 또는 st를 붙인다.

〈자음 + y〉로 끝나는 단어는 y를 i로 고치고 비교급에는 er, 최상급에는 est를 붙인다.

〈단모음 + 자음〉으로 끝나는 단어는 자음을 한 번 더 쓰고 비교급에는 er, 최상급에는 est를 붙인다.

ful. able, less, ous, ive 등으로 끝나는 단어나 3음절 이상의 단어는 비교급에는 앞에 more, 최상급에는 앞에 most를 붙인다.

비교급을 사용할 수 없는 형용사도 있나요?

형용사는 대부분 비교급을 사용할 수 있어. 하지만 **empty**빈 | **full**꽉 찬 | **perfect**완벽한 | **unique**유일한 같은 형용사들은 이미 최고의 상태를 표현하고 있어서 비교를 할 수가 없어. 그래서 원칙적으로는 비교급이나 최상급이 없지. **empty**란 낱말을 예로 들어서 설명해 볼까? 이것을 〈원급 – 비교급 – 최상급〉의 형태로 나타내자면 〈**empty** – **emptier** – **emptiest**빈 – 더 빈 – 가장 빈〉가 되겠지만, 결국은 모두 '비어 있다'는 뜻이야. 그래서 비교급이나 최상급을 만들 수 없어. 색을 나타내는 형용사들도 비교급이나 최상급을 만들 수 없는데, 이 역시 비교급이든 최상급이든 같은 색을 뜻하기 때문이야.

연습문제

정답 1. ① **old** * '~은 ~와 같다'란 뜻의 표현은 〈**as** + 형용사(부사)의 원급 + **as**〉이다. ② **taller** * 문장 안에 **than**이 있으므로 비교급을 쓴다. ③ **more beautiful** * ful, able, less, ous, ive 등으로 끝나는 단어는 비교급을 만들 때 그 앞에 **more**를 붙인다. ④ **the coldest** * '~ 중에서 가장 ~하다'라는 뜻의 표현에는 최상급을 쓰며, 최상급 앞에는 항상 **the**가 붙는다.

2. ① **earlier** * **than** 앞에서는 비교급을 쓴다. ② **better** * **well**의 비교급은 **better**이다. ③ **more** * **interesting**은 비교급을 만들 때 앞에 **more**를 붙인다. ④ **tallest** * '~에서 가장 ~하다'라는 뜻의 표현에는 최상급을 쓴다. ⑤ **most** * ful, able, less, ous, ive 등으로 끝나는 단어는 최상급을 만들 때 그 앞에 **most**를 붙인다.

연습문제

1. ( ) 안에서 알맞은 낱말을 골라보자.

   ① He is as (old, older) as my brother. 그는 내 동생과 나이가 같다.

   ② The giraffe is (tall, taller) than the horse. 기린은 말보다 키가 더 크다.

   ③ Linda is (more beautiful, beautifuler) than Jennifer.
   린다는 제니퍼보다 더 아름답다.

   ④ Today is (the coldest, coldest) in this winter.
   오늘이 이번 겨울 중 가장 춥다.

2. 올바른 문장이 되도록 밑줄 친 부분을 고쳐 써보자.

   ① I got up <u>early</u> than my brother. 나는 내 동생보다 일찍 일어났다.
   →

   ② Lulu can speak English <u>well</u> than Bau. 루루는 바우보다 영어를 더 잘 말할 수 있다.
   →

   ③ This book is <u>very</u> interesting than that one. 이 책은 저 책보다 더 재미있다.
   →

   ④ She is the <u>taller</u> girl in the class. 그녀는 반에서 가장 키가 크다.
   →

   ⑤ Seoul is one of the <u>more</u> beautiful cities in the world.
   →
   서울은 세계에서 가장 아름다운 도시 중의 하나이다.

← 정답은 앞 장에

PART 3 영문법의 뼈와 살이 되는 것들

관계사
두 문장의 연결 고리

관계사 RELATIVE

앞에서도 말했지만, 영문법 용어는 대부분 한자로 이루어져 있어. 그래서 무엇을 말하는 것인지 금방 이해가 안 되는 경우가 있지. 여기에서 공부할 관계사도 그래. 한자말이라 무슨 말인지 쉽게 이해되지 않을 거야. 도대체 관계사가 뭘까? 잘 모르겠지?

관계사(關係詞)란 두 문장의 공통되는 부분을 묶어서 하나의 문장으로 연결해 주는 품사야. 그러니까 두 문장을 연결하는 고리 같은 것이지. 그렇다면 관계사에는 어떤 것들이 있을까? 관계대명사와 관계부사가 있어. 그럼 관계대명사부터 공부해 볼까?

관계대명사

관계대명사는 문장 속에서 **접속사와 대명사 역할**을 하는 걸 말해. 그러니까 관계대명사는 두 문장을 하나로 연결하는 접속사이기도 하면서 동시에 대명사이기도 해. 관계대명사를 잘 알아두면 영어로 말을 하거나 글을 쓸 때 편리해. 얼마나 편리한지 알아볼까?

I know a boy. He cooks well.

'나는 한 소년을 알고 있다. 그는 요리를 잘한다.' 이렇게 말하면 좀 짜증나지? 쓸데없이 길기도 하고 말이야. 그럼 아래의 문장은 어떨까?

I know a boy who cooks well. 나는 요리를 잘하는 한 소년을 알고 있다.
　　　　선행사　관계대명사

어때, 간단하지? 관계대명사는 이처럼 두 문장을 간단하게 하나의 문장으로 만들어 주는 역할을 해. 위 문장에서 who가 바로 관계대명사야. who는 두 개의 문장을 하나로 묶어주는 **접속사** 역할을 하면서 동시에 He를 대신해 **대명사** 역할도 하고 있어. 그런데 관계대명사 who 앞에 있는 명사 **a boy**를 뭐라고 할까? '앞에 가는 품사' 란 뜻에서 **선행사**라고 해. 관계대명사에는 who, which, that, what 등이 있는데, 선행사가 사람이냐 사물이냐에 따라 관계대명사의 형태가 결정돼. 그럼 관계대명사들을 하나하나 알아볼까?

>>1. who

who는 선행사가 사람일 때 쓰는 관계대명사야. 그런데 선행사가 관계대명사가 이끄는 문장의 주어이면 주격인 **who**, 목적어이면 목적격인 **whom**, 소유의 관계이면 소유격인 **whose**를 써. 좀 복잡한가? 그럼 예문을 들어 설명할게.

1) 주격 who

아래의 두 문장을 하나의 문장으로 만들어 볼까?

She is a girl. 그녀는 소녀이다. **+**
She lives in Japan. 그녀는 일본에 살고 있다.

여기에서 **a girl**과 두 번째 문장의 **She**가 같은 사람이지? 이런 경우 뒤에 오는 **She**를 관계대명사로 바꾸는데 선행사 **a girl**이 사람이고 **She**는 주어이니까 주격 관계대명사 **who**를 써야 돼. 아래처럼 하나의 문장으로 만들려면 말이야.

→ **She is a girl who lives in Japan.** 그녀는 일본에 살고 있는 소녀이다.

2) 목적격 whom

I know the girl. 나는 그 소녀를 알고 있다. **+**
You wanted to see her. 너는 그녀를 만나고 싶어 했다.

첫 번째 문장의 목적어 **the girl**과 두 번째 문장의 목적어 **her**가 같은 사람이지? 이런 경우에는 **the girl**이 선행사인데, 선행사가 사람이고 **her**는 목적어이므로 목적격 관계대명사 **whom**을 써야 돼. 아래처럼 하나의 문장으로 만들려면 말이야.

→ **I know the girl whom you wanted to see.**
나는 네가 만나고 싶어 했던 그 소녀를 알고 있다.

3) 소유격 whose

I saw a girl. 나는 한 소녀를 보았다. **+**
Her name is Hera. 그녀의 이름은 헤라이다.

a girl과 Her가 같은 사람인 경우 선행사는 a girl인데, 선행사가 사람이고 Her가 소유격으로 쓰였으므로 하나의 문장으로 만들려면 다음과 같이 소유격 관계대명사 whose를 써야 돼.

→ I saw a girl whose name is Hera. 나는 헤라라는 이름의 한 소녀를 보았다.

>> 2. which

which는 선행사가 동물이나 사물일 때 써. which도 who와 마찬가지로 격에 따라 다르게 쓰는데 주격과 목적격일 때는 모양이 같고 소유격일 때는 whose나 of which를 쓰지. 두 문장을 하나의 문장으로 만드는 방법은 관계대명사 who의 경우와 같아.

That is the book. 저것이 그 책이다. +
It is very interesting. 그것은 아주 재미있다.

the book이 사물이고 It은 주격이니까 관계대명사 which를 써.

→ That is the book which is very interesting. 저것이 아주 재미있는 그 책이다.

>> 3. that

that은 선행사가 사람, 사물, 동물에 상관없이 모든 경우에 쓰는 관계대명사야. 그래서 관계대명사 who나 which 대신 쓸 수도 있지. 그런데 that은 소유격이 없고 주격과 목적격만 있는데, 주격과 목적격의 형태가 같아.

I have a bike. 나는 자전거를 한 대 가지고 있다. +
I bought it yesterday. 나는 그것을 어제 샀다.

→ I have a bike that(=which) I bought yesterday.
　　나는 어제 산 자전거를 한 대 가지고 있다.

it은 사물을 나타내면서 목적격이기 때문에 관계대명사 which나 that을 사용할 수 있어.

관계대명사로 that만 써야 하는 경우가 있나요?

바로 앞에서 관계대명사 that은 who나 which 대신 쓸 수도 있다고 했어. 이는 거꾸로 말하면 that을 쓰는 대신 who나 which를 쓸 수 있다는 얘기인데, 그렇다면 꼭 that만 써야 하는 경우는 없을까? 다음과 같은 경우에는 반드시 that을 써야 해.

1) 사람과 동물 두 가지가 선행사인 경우
   Look at the <u>girl and her dog</u> that are dancing.
   춤을 추고 있는 소녀와 그녀의 개를 보아라.

2) all, every, any, the same, the only, the very 등이 선행사에 포함된 경우
   He spent <u>all</u> the money that he has. 그는 그가 가진 돈을 모두 썼다.

3) 최상급 형용사가 선행사인 경우
   She is the <u>tallest</u> girl that I have ever seen. 그녀는 내가 본 중에 가장 큰 소녀이다.

>>4. what

what은 선행사가 사물인 경우에 사용하지. 그런데 다른 관계대명사와는 다르게 what 앞에는 선행사가 따로 없어. what은 우리말로 '~한 것'이란 뜻이야.

I don't believe <u>it</u>. 나는 그것을 믿지 않는다. +
He said <u>it</u>. 그는 그것을 말했다.
→ I don't believe what he said. 나는 그가 한 말을 믿지 않는다.

첫 번째 문장의 it과 두 번째 문장의 it이 같을 때 관계대명사 what을 쓰면 선행사 it은 쓰지 않아. 관계대명사 what이 선행사를 포함하고 있기 때문이지.

관계부사

관계부사란 〈접속사 + 부사(구)〉의 형태로, 접속사의 역할을 하면서 동시에 부사 역할을 하는 걸 말해. 관계부사에는 **where, when, why, how** 등이 있어. 이것들은 **장소, 시간, 이유, 방법** 등을 나타내는 말들이야. 관계부사 문장을 만드는 방법은 관계대명사 문장을 만드는 방법과 같아. 단지 〈전치사 + 선행사〉를 관계부사로 바꾸는 것만 다를 뿐이지.

>>1. where

where는 선행사가 장소를 나타내는 경우에 써.

This is the house. 이것이 그 집이다. +
Bau lives in the house. 바우는 그 집에 살고 있다.

첫 번째 문장의 **the house**와 두 번째 문장의 **in the house**는 같은 장소야. 그런데 **in the house**는 장소를 나타내는 부사구이므로 이런 경우에는 관계부사 **where**를 써 줘야 해.

→ **This is the house where Bau lives.** 이것이 바우가 살고 있는 집이다.
  └→ 관계대명사 형태로 바꾸면 **in which**(전치사+관계대명사=관계부사)

>>2. when

when은 선행사가 시간을 나타내는 경우에 써.

I don't know the time. 나는 그때를 모른다. +
We met at that time. 우리는 그때 만났다.

→ **I don't know the time when we met.** 나는 우리가 만났던 때를 모른다.
  └→ =at that time

>>3. why

why는 선행사가 이유를 나타내는 경우에 써.

Tell me the reason. 그 이유를 말하라. **+**
You came here for that reason. 너는 그 이유로 여기에 왔다.
→ **Tell me the reason why you came here.** 네가 여기에 온 이유를 말하라.

>>4. how

how는 선행사가 방법을 나타내는 경우에 써.

This is the way. 이것이 그 방법이다. **+**
I learned English in that way. 나는 그 방법으로 영어를 배웠다.
→ **This is the way I learned English.** 이것이 내가 영어를 배웠던 방법이다.
→ **This is how I learned English.**
관계부사 **how**는 **the way**와 함께 쓰이지 않아. **the way** 또는 **how**만을 써.

Check Point

관계대명사
who → 선행사가 **사람**인 경우에 쓴다.
which → 선행사가 **동물, 사물**인 경우에 쓴다.
that → 선행사가 **사람, 동물, 사물**인 경우에 쓴다.
what → 선행사가 **사물**인 경우에 쓴다.

관계부사
where → 선행사가 **장소**를 나타내는 경우에 쓴다.
when → 선행사가 **시간**을 나타내는 경우에 쓴다.
why → 선행사가 **이유**를 나타내는 경우에 쓴다.
how → 선행사가 **방법**을 나타내는 경우에 쓴다.

〈관계대명사의 종류〉

	주격	소유격	목적격
사람	who	whose	whom
사물·동물	which	whose(of which)	which
사람·사물·동물	that	-	that

* that의 소유격은 없다.

〈관계부사의 종류〉

관계부사	선행사
when	the time 시간
where	the place 장소
why	the reason 이유
how	the way 방법

연습문제

정답 1. ① **who** * 선행사가 사람이므로 관계대명사 **who**를 쓴다. ② **which** * 선행사가 동물이므로 관계대명사 **which**가 적당하다. ③ **whose** * 이 문장은 I know the girl과 Her mother is an actress가 결합된 것이다. 선행사(**the girl**)가 사람이고, 소유격(**Her**)이 쓰였으므로 소유격 관계대명사 **whose**를 쓴다. ④ **that** * 선행사에 **the only**가 있으므로 관계대명사 **that**을 쓴다. ⑤ **when** * 선행사가 시간을 나타내는 경우 관계부사 **when**을 쓴다.

2. ① **I have a book which(또는 that) is very interesting.** * 사물인 **a book**을 선행사로 가지는 관계대명사는 **which**나 **that**이다. ② **I like the girl who(또는 that) lives next door.** * **the girl**이 두 문장에서 공통으로 나오는데 뒤의 **the girl**이 주어인 데다 사람이므로 관계대명사 **who**나 **that**을 쓴다. ③ **I told him how I finished the work.** * 선행사가 방법을 나타내는 경우엔 관계부사 **how**를 쓴다. 단 관계부사 **how**는 **the way**와 함께 쓰이지 않는다. **the way**와 **how** 중 하나를 쓴다.

연습문제

1. ( ) 안에서 알맞은 말을 골라보자.

   ① I know a boy (who, which) can speak French well.
   나는 프랑스어를 아주 잘하는 소년을 알고 있다.

   ② Look at the dog (what, which) is crossing the street.
   길을 건너는 개를 보아라.

   ③ I know the girl (who, whose, whom) mother is an actress.
   나는 어머니가 배우인 그 소녀를 알고 있다.

   ④ This is the only book (that, which) was written by her.
   이것은 그녀가 쓴 유일한 책이다.

   ⑤ There are times (when, how) everyone needs to be alone.
   모든 사람에게는 혼자 있는 시간이 필요하다.

2. 두 문장을 관계사를 이용하여 하나의 문장으로 바꾸어보자.

   ① I have a book. 나는 책 한 권을 가지고 있다.
   The book is very interesting. 그 책은 매우 재미있다.
   → _____ . 나는 매우 재미있는 책을 한 권 가지고 있다.

   ② I like the girl. 나는 그 소녀를 좋아한다.
   The girl lives next door. 그 소녀는 옆집에 살고 있다.
   → _____ . 나는 옆집에 살고 있는 그 소녀를 좋아한다.

   ③ I told him the way. 나는 그 방법을 그에게 말했다.
   I finished the work in that way. 나는 그 방법으로 그 일을 끝냈다.
   → _____ . 나는 내가 그 일을 끝낸 방법을 그에게 말했다.

   ← 정답은 앞 장에

여관(Inn)에서

PART 3 영문법의 뼈와 살이 되는 것들

가정법
가정하거나 상상할 때의 표현법

가정법 SUBJUNCTIVE MOOD

사람은 누구나 현실에서 이룰 수 없는 것들을 상상하거나 가정하는 버릇이 있어. 여러분도 마찬가지일 거야. '만약 내가 새처럼 하늘을 날 수 있다면…, 만약 내가 어른이라면…, 내가 슈퍼맨이라면….' 여러분도 이런 상상이나 가정을 많이 하지? 전혀 안 한다고? 그럼 사람이 아닌데…. 혹시 바우 같은 개인가?

여러분도 분명히 현실에서 이룰 수 없는 일을 가정하거나 상상할 텐데, 이런 경우에 쓰는 표현법이 있어. 뭐냐고? 바로 가정법이야. 가정법은 상상하거나 가정하는 경우에 쓰는 표현법이지. 그래서 '만약 ~라면'이라는 문장으로 시작하는데, 여기에 해당되는 말이 **If**야. 그럼 가정법 문장을 한번 살펴볼까?

If I were a bird, I could fly to you. 만약 내가 새라면 너에게 날아갈 수 있을 텐데.
    조건절   주절

가정법 문장은 이렇게 생겼어. 그런데 여기에서 '만약 ~라면'의 문장을 **조건절**이라 하고, '~할 텐데'의 문장을 **주절**이라고 해. 그러니까 가정법 문장은 조건절과 주절로 이루어져 있다고 할 수 있지.

앞에서 시제에 대해 배웠는데, 가정법에도 시제가 있어. 현재의 일을 가정하는지, 앞으로 일어날 일을 가정하는지, 또는 이미 과거에 일어났던 일을 가정하는지에 따라서 **현재, 미래, 과거, 과거완료**로 나눌 수 있지. 그럼 가정법의 종류에 대해서 하나하나 공부해 볼까?

가정법 현재

가정법 현재는 현재 혹은 미래에 대한 단순한 가정이나 불확실한 상상을 할 때 써. 우리말로 하면 '만약 ~라면 ~할 텐데'라는 뜻이야. 그리고 가정법 현재의 문장 꼴은 다음과 같아.

> 조건절(만약 ~라면) : 〈If + 주어 + 동사원형(또는 현재형)〉
> 주절(~할 텐데) : 〈주어 + will(shall, can, may) + 동사원형〉

If he comes, I will be very happy. 만약 그가 온다면 나는 무척 행복할 텐데.
  조건절   주절

If I am a dog, I will run rapidly. 만약 내가 개라면 빨리 달릴 텐데.
  조건절   주절

가정법 미래

가정법 미래는 현재나 미래의 어떤 일에 대해 이루어질 가능성이 매우 낮은 것을 가정하거나 상상할 때 써. 그런데 가정법 미래 문장은 다음과 같이 두 가지로 표현할 수 있어.

>>1. 미래에 이루어졌으면 하고 바라는 경우

> 조건절 : ⟨If + 주어 + should + 동사원형⟩,
> 주절 : ⟨주어 + would(will) + 동사원형⟩

If I should meet her, I would be happy. 만약 그녀를 만나면 나는 행복할 텐데.
　　　조건절　　　　　　　주절

>>2. 실현 불가능한 일을 상상하는 경우

> 조건절 : ⟨If + 주어 + were to + 동사원형⟩,
> 주절 : ⟨주어 + would(will) + 동사원형⟩

If I were to be a student again, I would study hard.
　　　조건절　　　　　　　　　　　주절
내가 다시 학생이 된다면 열심히 공부할 텐데.

가정법 과거

가정법 과거는 현재의 사실과 반대되는 일을 가정하거나 상상할 때 써. 가정법 과거의 문장 꼴은 다음과 같아.

> 조건절 : 〈If + 주어 + 동사의 과거형〉,
> 주절 : 〈주어 + would(should, could, might) + 동사원형〉

If I were you, I would marry her.
　　조건절　　　　　주절
내가 너라면 그녀와 결혼할 텐데.(나는 네가 아니라서 그녀와 결혼할 수 없다.)
* 가정법 과거에서 조건절의 동사가 be동사일 때는 주어와 상관없이 항상 were를 써.

If I had a bike, I could ride it.
　　조건절　　　　주절
만약 자전거가 있다면 탈 수 있을 텐데.(현재 내게 자전거가 없어서 탈 수 없다.)

가정법 과거완료

가정법 과거완료는 과거의 사실과 반대되는 일을 가정하거나 상상할 때 써. 가정법 과거가 현재 사실의 반대였듯이 가정법 과거완료는 과거 사실의 반대를 나타내지. 우리말로 하면 '만약 ~했다면, ~했을 텐데'라는 뜻이야. 가정법 과거완료의 문장 꼴은 다음과 같아.

> 조건절 : 〈If + 주어 + had + 과거분사〉,
> 주절 : 〈주어 + would(should, could, might) + have + 과거분사〉

If I had exercised **harder**, I would have won **the game**.
　　　조건절　　　　　　　　　　　주절

만약 좀더 열심히 연습했다면 그 게임을 이겼을 텐데.(과거에 연습을 좀더 열심히 하지 않아 게임에서 졌다.)

If I had been **a good boy**, I could have made **mom happy**.
　　　조건절　　　　　　　　　　　주절

만약 내가 착한 아이였다면 엄마를 행복하게 해드렸을 텐데.(과거에 착한 아이가 아니었기 때문에 엄마를 행복하게 해드리지 못했다.)

특별한 가정법

가정법 중에는 다음과 같은 것들도 있어. 보통의 가정법은 **If**로 시작되잖아? 이것들은 그렇지 않아. 그야말로 특별한 형식으로 된 가정법이야.

>>1. I wish의 가정법

이 가정법은 현재에 이룰 수 없는 소망이나 과거에 이루지 못한 소망을 나타낼 때 써. 우리말로는 '~하면 좋을 텐데, ~했다면 좋았을 텐데' 정도로 해석할 수 있지.

현재에 이룰 수 없는 소망을 나타낼 때는 **I wish** 다음에 가정법 과거를 써.

I wish I had **more money**. 돈이 더 있으면 좋을 텐데.

과거에 이루지 못한 소망을 나타낼 때는 **I wish** 다음에 가정법 과거완료를 써.

I wish I had bought **the car**. 그 차를 샀다면 좋았을 텐데.

>> 2. as if의 가정법

이 가정법은 현재나 과거의 사실에 반대되는 일을 가정할 때 써. 우리말로는 '마치 ~인 것처럼'이라고 해석할 수 있지.

현재 사실의 반대를 나타낼 때는 **as if** 다음에 가정법 과거를 써.

She acts as if she were a princess. 그녀는 마치 자신이 공주인 것처럼 행동한다.

과거 사실의 반대를 나타낼 때는 **as if** 다음에 가정법 과거완료를 써.

He talked as if he had heard the news. 그는 마치 그 소식을 들은 것처럼 말했다.

Check Point

가정법의 종류(시제)
- 가정법 현재 : ⟨If + 주어 + 동사원형(또는 현재형)[조건절]⟩,
   ⟨주어 + will(shall, can, may) + 동사원형[주절]⟩
- 가정법 미래 : ⟨If + 주어 + should/were to + 동사원형[조건절]⟩,
   ⟨주어 + would (will) + 동사원형[주절]⟩
- 가정법 과거 : ⟨If + 주어 + 동사의 과거형[조건절]⟩,
   ⟨주어 + would(should, could, might) + 동사원형[주절]⟩
- 가정법 과거완료 : ⟨If + 주어 + had + 과거분사[조건절]⟩, ⟨주어 + would (should, could, might) + have + 과거분사[주절]⟩

특별한 가정법
I wish 가정법 : ~라면 좋을 텐데, ~했다면 좋았을 텐데
as if : 마치 ~인 것처럼

연습문제

1. ( ) 안에서 알맞은 말을 골라보자.

① If it (is, will, were) fine tomorrow, we will go on a picnic.
만약 내일 날씨가 좋다면 우리는 소풍을 갈 것이다.

② If I (were, am, be) rich, I could buy the car.
만약 내가 부자라면 그 차를 살 수 있을 텐데.

③ If he (had worked, worked, will work) hard, he could have succeeded. 만약 열심히 일했다면 그는 성공할 수 있었을 텐데.

④ If I (was handsome, were handsome), I would be happy.
내가 잘생겼다면 행복할 텐데.

⑤ I wish it (was, is, were) raining now.
지금 비가 오면 좋을 텐데.

⑥ He speaks as if he (knows, knew, know) everything.
그는 마치 모든 걸 아는 것처럼 말한다.

2. ( ) 안의 동사를 문맥에 맞게 바꾸어서 빈칸에 써 넣어보자.

① If I _____ you, I would forgive him. (be)
내가 너라면 그를 용서할 텐데.

② If she _____ him, he could do it well. (help)
만약 그녀가 도와준다면 그는 그 일을 잘 할 수 있을 텐데.

③ If he _____ Korean well, we could have been friends. (speak)
그가 한국말을 잘했다면 우리는 친구가 될 수 있었을 텐데.

④ I wish I _____ harder when I was young. (work)
젊었을 때 좀더 열심히 공부했으면 좋았을 텐데.

⑤ She looks as if she _____ a doll. (be)
그녀는 마치 인형처럼 보인다.

정답 1. ① **is** * 미래에 대한 단순한 가정이므로 현재형 **is**를 쓴다. ② **were** * 현재의 사실과 반대되는 일을 가정하므로 가정법 과거를 쓰는데, 이때 be동사의 경우는 주어와 상관없이 **were**를 쓴다. ③ **had worked** * 과거 사실의 반대를 나타내므로 가정법 과거완료를 쓴다. ④ **were handsome** * 현재 사실의 반대인 가정법 과거이므로 **was**가 아니라 **were**를 쓴다. ⑤ **were** * 현재에 이룰 수 없는 소망을 나타낼 때는 가정법 과거(**were**)를 쓴다. ⑥ **knew** * 현재 사실의 반대를 나타낼 때는 **as if** 다음에 가정법 과거를 쓴다.
2. ① **were** * 가정법 과거 문장이다. 가정법 과거에서 be동사는 **were**를 쓴다. ② **helped** * 현재 사실의 반대를 나타내므로 가정법 과거이다. ③ **had spoken** * 이 문장은 결국 '친구가 될 수 없었다'는 과거의 일을 말하는 것인데, 과거 사실의 반대를 나타내므로 가정법 과거완료를 쓴다. ④ **had worked** * 과거에 이루지 못한 소망을 나타내므로 가정법 과거완료를 쓴다. ⑤ **were** * 가정법 과거에서 be동사는 주어와 상관없이 **were**를 쓴다.

맺는말

여러분, 그 동안 이 책으로 공부하느라 수고 많았어. 여러분은 이제 영문법을 무척 잘 알게 되었을 거야. 그렇지? 흠, 다들 그렇다고 대답하니까 이 투티도 뿌듯한 걸. 아, 보람 느껴진다!

아, 참! 이 기회에 책을 보고 난 느낌을 물어봐야지.

[문제] 이 책을 보고 난 느낌은 무엇인가요? 왼쪽 가슴에 손을 얹고 진지하고 솔직한 마음으로 정답을 알아맞혀 보세요.

① 엄청 쉽고 재미있다.
② 영어에 대한 자신감을 심어주었다.
③ 친구들에게도 읽으라고 권하고 싶다.
④ 2권도 나왔으면 좋겠다.

오잉! 1, 2, 3, 4 모두 맞다고 대답했네!

그래, 이 책은 쉽고 재미있어서 여러분 모두에게 영어에 대한 자신감을 심어주었다고 생각해. 그리고 모두 영어에 자신감을 얻은 만큼 친구들에게도 읽으라며 권하고 싶어할 거라고도 생각하고 말이야.

여러분 중에는 영어가 어렵다는 사람도 있을 거야. 하지만 아무리 어렵다 해도 미국이나 영국, 호주 등에서는 유치원 꼬마들도 다 잘하는 말이 영어야. 열심히 노력하면 못할 게 없다고. 할 수 있다는 자신감을 가져.

아무튼 이 책이 여러분의 영어 실력 향상에 조금이라도 보탬이 되기를 바라면서 이만 작별 인사를 할게.

Bye, everybody! 여러분, 안녕!
See you again! 또 만나!